斯瑟蒂克

阶梯胎教法

菅波 编

中国妇女出版社

图书在版编目（CIP）数据

斯瑟蒂克阶梯胎教法 / 营波编. -- 北京 : 中国妇女出版社, 2015.3

ISBN 978-7-5127-0999-7

Ⅰ.①斯… Ⅱ.①营… Ⅲ.①胎教 Ⅳ.①G61

中国版本图书馆CIP数据核字（2014）第283360号

斯瑟蒂克阶梯胎教法

作　　者：营　波　编

责任编辑：晓　里

封面设计：古涧文化

责任印制：王卫东

出版发行：中国妇女出版社

地　　址：北京东城区史家胡同甲24号　　邮政编码：100010

电　　话：（010）65133160（发行部）　　65133161（邮购）

网　　址：www.womenbooks.com.cn

经　　销：各地新华书店

印　　刷：北京缤索印刷有限公司

开　　本：210毫米×226毫米　1/12

印　　张：14

字　　数：80千字

版　　次：2015年3月第1版

印　　次：2015年3月第1次印刷

书　　号：ISBN 978-7-5127-0999-7

定　　价：35.00元

前言

每个孩子都是出色的

斯瑟蒂克胎教是迄今为止世界上最为成功的胎教方法。一对普通的美国夫妇，智商都在120左右，却培养了四个高智商的天才儿童。大女儿苏珊5岁时，便从幼儿园直接跳级到高中，11岁便成为马斯金格大学的学生。其他三个女儿也异常优秀，9岁的斯蒂茜读高中一年级，7岁的斯蒂芬读中学二年级，4岁的小女儿吉安娜学习小学课程。四个孩子的智商都在160以上，都被列入了仅占全美5%的高智商者的行列。这件事被曝光之后，一时间，纽昆考镇变得尽人皆知。四个天才儿童诞生于一个家庭，概率微乎其微。究其原因，研究者一致认为是进行胎教的结果。阅读本书我们能够领略斯瑟蒂克胎教的神奇力量。

这本书源于20世纪一个全世界经典胎教案例——实子·斯瑟蒂克和约瑟夫·斯瑟蒂克。这两个智商平平的夫妻，采用“子宫对话”的胎教方法，孕育了四个高智商的天才子女。正是因为此，斯瑟蒂克夫妇的胎教理念和方法被称为斯瑟蒂克胎教法。这一胎教方法一经推出，就引起世界众多父母的关注，并获得众多胎教专家的推崇。比如日韩的胎教名家七田真、朴文一都把斯瑟蒂克胎教法奉为经典，他们不仅把斯瑟蒂克的胎教理念融入自己的胎教体系，而且还用这种方法指导众多夫妇实践了胎教，孕育了聪明的宝宝。

本书保留了斯瑟蒂克胎教的精髓，同时加入了案例故事、理论支撑、实践方案，准父母从中既可了解斯瑟蒂克夫妇的实际操作案例，又能学会具体的斯瑟蒂克胎教方法。请孕妈妈一定记住：孕育孩子时，要把他当成一个完整的个体来对待，从一开始就要建立亲子之间的良好关系。

Contents
目录

第一章 准备阶梯

当我得知脑的发育这么早就开始了，并且以如此快的速度进行着这样一个进化发育的过程以后，我被宝宝所具备的伟大生命力所感动，同时意识到宝宝的能力充满着神秘莫测的巨大可能性。

——实子·斯瑟蒂克

“好的开始是成功的一半。”任何事情的开端都是十分重要的，胎教也是如此。对宝宝进行的胎教，包括怀孕前受精必须在夫妻双方最佳的状态下进行。也就是说，必须使最健康的精子与卵子结合，才能激发宝宝更大的潜能。

——斯瑟蒂克

第二章 基础阶梯

妈妈的情绪波动通过激素及大脑产生的物质传达给宝宝。妈妈在孕期勤思考、多学习，以愉快的心情，大声与腹中宝宝交流，这必将带给宝宝大脑很好的刺激。

——斯瑟蒂克

丈夫经常这样对我说："腹中的宝宝最能理解妈妈的心情。你必须以一种快乐、祥和、稳定的心态，保护体内的这个小生命，直到他来到这个世界。只有这样，宝宝才能安心地倾听你的话，乐意接受你教他的更多东西。"

——实子·斯瑟蒂克

第三章 提高阶梯

当我在做饭、整理房间或晾晒衣服时，经常会哼唱一些平时我喜欢的歌曲，让腹中的宝宝与我一起分享歌曲带来的快乐和感动，向他传递爱的信息，或同他一起欣赏音乐，培养他的感悟力。

——实子·斯瑟蒂克

我总是充满感情地大声朗读，同时在脑海中对故事内容形成一个具体的想象，以便更加具体地传递给宝宝，因为我认为宝宝已经有心了。

——实子·斯瑟蒂克

人的大脑能力仅被开发了百分之三四。为了挖掘那蕴藏着而又未被发现的能力，难道我们不应该把一切的可能性，兴许是超越以往人们认知的可能性寄托在腹中宝宝的身上吗？

——实子·斯瑟蒂克

第四章 加强阶梯

如果你在自己宝宝身上寄托了极大的希望，那么你就不应该把育儿的责任全部推卸给宝宝的妈妈，作为父亲你应该积极参与其中。当然，这不单是在宝宝出生前，在宝宝婴幼儿时期参与育儿也不能忽视。

——斯瑟蒂克

漫不经心地享受生活是不可取的，只有你对周围的环境心领神会，宝宝才能接受你所领悟的一切。无论是下午散步或是假日外出，你看到的事物越新奇，留给胎儿的印象就越深刻，宝宝获得的知识就越多。

——斯瑟蒂克

第五章 巩固阶梯

苏珊和她三个妹妹的陆续到来，使得我们的努力得到了回报。如果以宝宝容易接受的方式进行教育，宝宝一出生就具有较高的素养，而这些素养能促使宝宝很快学会各种生活的本领。

——斯瑟蒂克

在宝宝出生后，当第一次教她们算术时，如果把曾经用于胎教的实物，再次摆放在宝宝面前，这些宝宝在妈妈子宫内“学”过的东西，会唤起宝宝的记忆，让宝宝有似曾相识的感觉，并出现令你吃惊的反应。

——斯瑟蒂克

斯瑟蒂克
阶梯胎教法

第一章

准备阶梯

为胎教做准备吧

胎教理念：斯瑟蒂克不是“教”宝宝，而是用爱提升母子情感

当我得知脑的发育这么早就开始了，并且以如此快的速度进行着这样一个进化发育的过程以后，我被宝宝所具备的伟大生命力所感动，同时意识到宝宝的能力充满着神秘莫测的巨大可能性。

——实子，斯瑟蒂克

胎教准备：胎教的每一步，都是爱与耐心的情感分享

“好的开始是成功的一半。”任何事情的开端都是十分重要的，胎教也是如此。对宝宝进行的胎教，包括怀孕前受精必须在夫妻双方最佳的状态下进行。也就是说，必须使最健康的精子与卵子结合，才能激发宝宝更大的潜能。

——斯瑟蒂克

胎教理念

斯瑟蒂克不是“教”宝宝，而是用爱提升母子情感

当我得知脑的发育这么早就开始了，并且以如此快的速度进行着这样一个进化发育的过程以后，我被宝宝所具备的伟大生命力所感动，同时意识到宝宝的能力充满着神秘莫测的巨大可能性。

——实子·斯瑟蒂克

斯瑟蒂克是谁

权威评价斯瑟蒂克

心理学家阿彼·撒鲁尼这样说道："四个天才儿童都诞生在一个普通家庭，这样的案例是非常罕见的，其概率要用天文数字作分母来表示。" 这意味着，四个孩子都是天才的这种情况，用遗传学来解释几乎是不能实现的。况且，斯瑟蒂克夫妇既不是天才也不是高学历的人才，他们都是普通人，家族内也没有天才或伟人的记录。

真实的斯瑟蒂克

妻子实子·斯瑟蒂克于 1945 年出生在日本埼玉县，就读于东洋短期大学英文专业——一所很普通的专科学校，一生从事初级英语的教学工作。丈夫约瑟夫·斯瑟蒂克仅有高中学历，职业是一家机械厂的技术人员。

斯瑟蒂克胎教信念

如果说斯瑟蒂克夫妇与其他人有不同之处，那就是对宝宝的能力寄予希望。他们始终认为天才不是遗传而是胎教，宝宝有着巨大的潜力，并不惜花费时间和精力，付出满腔的爱和耐心。斯瑟蒂克曾经这样说道："如果你也想自己的孩子有所成就，那么请每时每刻地把心中的爱倾注到胎宝宝身上吧！"

斯瑟蒂克胎教实践方案——

胎教的惊人结果（以苏珊为例）

年龄	苏珊		一般婴幼儿的发育标准
	学习内容	生活情况	
2周	讲单词“奶” “妈妈”	一逗就笑	
1个月		会玩花铃棒和使用奶嘴	几乎全天睡觉 眼睛开始看东西
2个月	会说两个词的句子 英语、日语词汇增加	会坐	一逗就笑 能辨认声音的方向
5个月		会爬 会使用便盆	能发出呢喃声 摇花铃棒 扶着能坐
6个月	用彩笔画圆和方形 会玩拼图		开始认生
7个月	能认字		会坐
8个月		开始走路	会爬
10个月			能说“马” “妈妈”等词
1岁	能读懂初中水平的书	能弹风琴和钢琴	能扶着走路
1.5岁	能读高中水平的书		用彩笔画线 会使用拟声词10个左右
2岁		会吹口琴	会跑，说自己的名字 会说两个词的句子
3岁	掌握代数 会下国际象棋		会搭积木 认识3以下的数字 会说长句子
5岁	测试结果智商在160以上 成为初等学校九年级学生（高一）		上幼儿园
7岁		学习小提琴、长笛	上小学
10岁	通过SAT大学资格考试，进入俄亥俄州立大学		

斯瑟蒂克胎教法为何如此神奇

全世界的关注点一下子集中在纽昆考镇

“全世界最聪明的女孩们”“斯瑟蒂克夫妇养育的天才儿童”“开发孩子潜力的关键是爱与耐心”……像这些标题的新闻报道铺天盖地涌来。日本的《FOKAS》杂志，以及英国的 BBC 电台都跑到俄亥俄州的纽昆考镇来了。几乎所有媒体都围绕四个天才儿童的主题，它们试图解开其中的原因。

斯瑟蒂克胎教信念

斯瑟蒂克夫妇接受采访时这样说：“究其原因，是我们胎教的结果。宝宝好像一台电脑，我们只是往电脑里输入了指令而已。我们认为，接受了胎教的宝宝在出生后，就已经做好了探索世界的准备。”

斯瑟蒂克胎教实践方案——

斯瑟蒂克胎教法及其实践策略

★ **子宫对话式胎教** 子宫对话就是孕妈妈与胎儿的沟通方法，将孕妈妈的情感、心情、思考等传达给胎儿。斯瑟蒂克夫人在宝宝未出生时就对她唱歌，与她聊天，过程很简单，只不过是重复之前所做的事情而已。在妊娠5个月时，斯瑟蒂克夫人把全部的注意力都集中在腹中的宝宝身上，开始大声地教她基本的英文单词。这种方式被斯瑟蒂克夫妇后来总结为“子宫对话”，并且一直坚持到孩子出生那一刻。

★ **爱与耐心式胎教** 斯瑟蒂克认为胎教的基础就是父母之爱，准爸爸、孕妈妈一定要内心深处满怀着对胎儿的期待和挚爱深情，胎教效果才会更好。可见，爱是胎教的动力。另外，除了爱，还需要耐心。斯瑟蒂克以亲身体验告诉人们，胎教过程中会遇到种种困难，因此要注意克服忽冷忽热、虎头蛇尾的做法，一步步地把胎教方案化为实际行动，避免半途而废。

★ **闪卡式胎教** 闪光卡片就是用彩色笔在白纸上写上语言、文字、图形、数字等，孕妈妈通过视觉印象将卡片上描绘的数字、图形、颜色，以及柔和的声音传达给胎宝宝。这种胎教成功的秘诀是采用立体的形象去传递生动的信息。

★ **呼吸式胎教**

第一，身体要自然放松，保持舒适的姿势，坐着或躺着都可以；

第二，腰背要舒展，全身放松，微闭双眼；

第三，吸气4～6秒，让自己有一种将气体储存在胸腔中的感觉；

第四，呼气8～12秒，直到能无意识地深呼吸为止。

斯瑟蒂克胎教法课程

斯瑟蒂克胎教故事

在我们的苏珊出生之前，从来没听说过有对胎儿进行教育的实例。虽然我们想到要给胎儿最好的教养，但我们没有任何经验。然而我们对实施胎教很有信心，相信只要努力了，就会有成果，而且我们也相信自己能做好。当然，尝试新的事物也是需要技巧的，这个技巧就是遵循胎儿的发育规律，不能随随便便就把正在睡觉的胎儿“揪”起来做胎教，尤其不能让胎儿接受有害物质，比如烟和酒。

斯瑟蒂克胎教信念

当时的医学没有现在发达，再加上我和约瑟夫接受教育的程度不是很高，所以即使当时医学上有什么新发现，我和约瑟夫也不可能通过查阅医学书籍获悉，因为我们根本就看不懂，我们只是凭着自己的观察和老辈的生活经验对孩子做胎教。幸好我的故乡日本是个非常重视胎教的国家，从小我就听家里人说女人怀孕时，要注重仪表，要端庄贤淑，这样生出的宝宝必定会知书达理。这些在之后的胎教中都被我加以运用。当然，对胎儿的教育是需要技巧的。

斯瑟蒂克胎教实践方案——

爱与耐心

★爱 根据我的胎教经验，我大致总结了两条经验：因为我知道胎儿的发育是呈阶段性的，所以胎教要根据胎儿的发育情况来实施。我和约瑟夫大致出了两套方案，一套是怀孕前四个月的，一套是四个月以后的，因为等知道自己怀孕差不多已经是第二个月的事了，而有的性格大大咧咧的女性可能三个月之后才发现自己怀孕了。也许有人问，如果我很晚才知道自己怀孕了，那时做胎教会不会太晚啊？我的回答是当然不晚，因为即使胎儿晚点儿知道你爱他总比你从来不告诉他你爱他要好百倍。需要强调的是，在胎教中，给予孩子爱是最重要的，拿约瑟夫的话讲就是 very important！

★耐心 胎儿也是有情绪的，他会哭，会闹，也会笑。当他不高兴了，踢你的肚皮时，你要轻拍自己的腹部安慰他，对他说："宝宝乖，宝宝哪里不舒服，告诉妈妈啊！"听到这些话，他就会立即安静下来。如果不管用，你就要继续安慰他，直到他安静下来。如果说我和丈夫约瑟夫与其他人的胎教有什么不同，那就是我们对胎儿非常有耐心。胎儿在母亲腹内，肉眼看不到，处于一种似乎无知无觉的状态（实际上是有知有觉的），生长发育的时间比较长，实施胎教要持之以恒才会行之有效。如今很多人都知道胎教的意义和作用，对胎儿也有深深的爱，但因为缺乏耐心和恒心，最终使胎教半途而废。请记住，着急、焦虑、担心无济于事，只要按照母子能够适应的速度进行胎教就可以了。

100

天才儿是胎教的结果

斯瑟蒂克胎教故事

我姨妈是个非常爱孩子的人，从她怀孕开始便对孩子倾注了所有的爱，她还坚持不懈地进行胎教。每次做胎教时，她总是一边抚摸自己的腹部一边说：“宝贝，你要好好听妈妈讲故事啊，这样长大后你才能聪明。”或者，在给孩子讲算术时，她经常会说：“宝贝啊，我们现在好好学，以后就不用学这些了，因为你已经变成神童啦。”结果呢，孩子长大并没有成为神童，而是一个普通的孩子。

姨妈失望极了，而我觉得完全没有必要。要知道胎教的目的是为了让胎儿健康成长，并不是要把每个胎儿都变成神童。一个人的智力是否超常，遗传基因很重要，后天的努力也同样重要。不仅在做胎教时不能抱着功利的心理，甚至在对孩子进行后天教育时也不能急功近利，否则会适得其反。

斯瑟蒂克胎教理念

怀孕后的母亲把听到的、看到的、想到的事物，通过自己的理解方式、身体变化、心理状态等传递给胎儿，而接受了这一切的胎儿在出生时就会具有某种素质，也许这就是“天才儿童”的所指了。

斯瑟蒂克胎教实践方案——

胎教切莫带有功利性

实施胎教时要满怀爱与耐心与胎儿交流。如果我们带着“生天才”的功利性思想去进行胎教，那么腹中的宝宝就会产生被动的窘迫感，不愿意与准父母交流，这样一来，我们的胎教也就无法产生应有的效果了。

胎教是在优孕和养胎的基础上，通过母亲对胎儿身心发展提供良好影响，而对孩子的成长发育起促进作用，是集优生、优育、优教于一体的一门实用科学，但不是创造神话的手段。

我们应该肯定胎教的效果，但绝不夸大胎教的作用，以科学的态度看待胎教、实施胎教，从而收获胎教的效果，这才是我们应倡导的胎教观。

胎教理念

胎教的每一步，
都是爱与耐心的情感分享

“好的开始是成功的一半。”任何事情的开端都是十分重要的，胎教也是如此。对宝宝进行的胎教，包括怀孕前受精必须在夫妻双方最佳的状态下进行。也就是说，必须使最健康的精子与卵子结合，才能激发宝宝更大的潜能。

——斯瑟蒂克

胎教总是从优育开始

斯瑟蒂克胎教故事

虽然爱和耐心是最好的胎教方法，但是要想顺利实施胎教，首先一步就是优生优育。为了弄清这个问题，我和约瑟夫决定向医生咨询。虽然当时还没怀孕，有些不好意思，但是为了能顺利进行胎教，约瑟夫还是给欧卡达大夫通了电话。尽管鼓足了勇气，但拨电话时约瑟夫还是手脚有些忙乱，居然拨错了号码， 只好又拨。电话通了，听不清约瑟夫和欧卡达在说些什么，只见约瑟夫在纸上不停地记录。后来，约瑟夫还把这张宝贝纸给藏了起来，生怕别人看见了。其实也没什么不好意思的，科学的东西就是直接的经验。

斯瑟蒂克胎教理念

第一步，夫妻双方身体健康，如果有什么疾病，比如糖尿病、高血压、甲状腺疾病和其他生殖系统疾病，都必须到医院检查，咨询医生后再决定是否怀孕，至少也要等病情控制住了再怀孕。

第二步，在孕前三个月，甚至半年的时间，夫妻两个人都不能吸烟或喝酒，尤其不能滥服药物，否则会影响受孕。

第三步，夫妻双方的怀孕年龄也是有讲究的，女性 24 ~ 28 岁是最佳孕育年龄，但也不绝对，重要的是两个人的身体条件，身体好的话，晚点儿生育也没关系。

斯瑟蒂克胎教实践方案——

欧卡达大夫受孕提醒

不要把受孕的那一刻当成简单的生理行为。想想看，你们的小宝宝就在这一刻开始了他的生命之旅，多么神圣和奇妙！当那颗最幸运、最健康、最富有活力的精子经过艰辛的“长途跋涉”，最终在输卵管中和守候在那里的卵子相遇时，它们结合了，形成了受精卵，之后再经过几天的时间，受精卵在胎儿的家——子宫着床，随后母体开始漫长的10月怀胎。受孕会受到很多因素的影响，如情绪、时间、温度等，其中最重要的就是情绪。

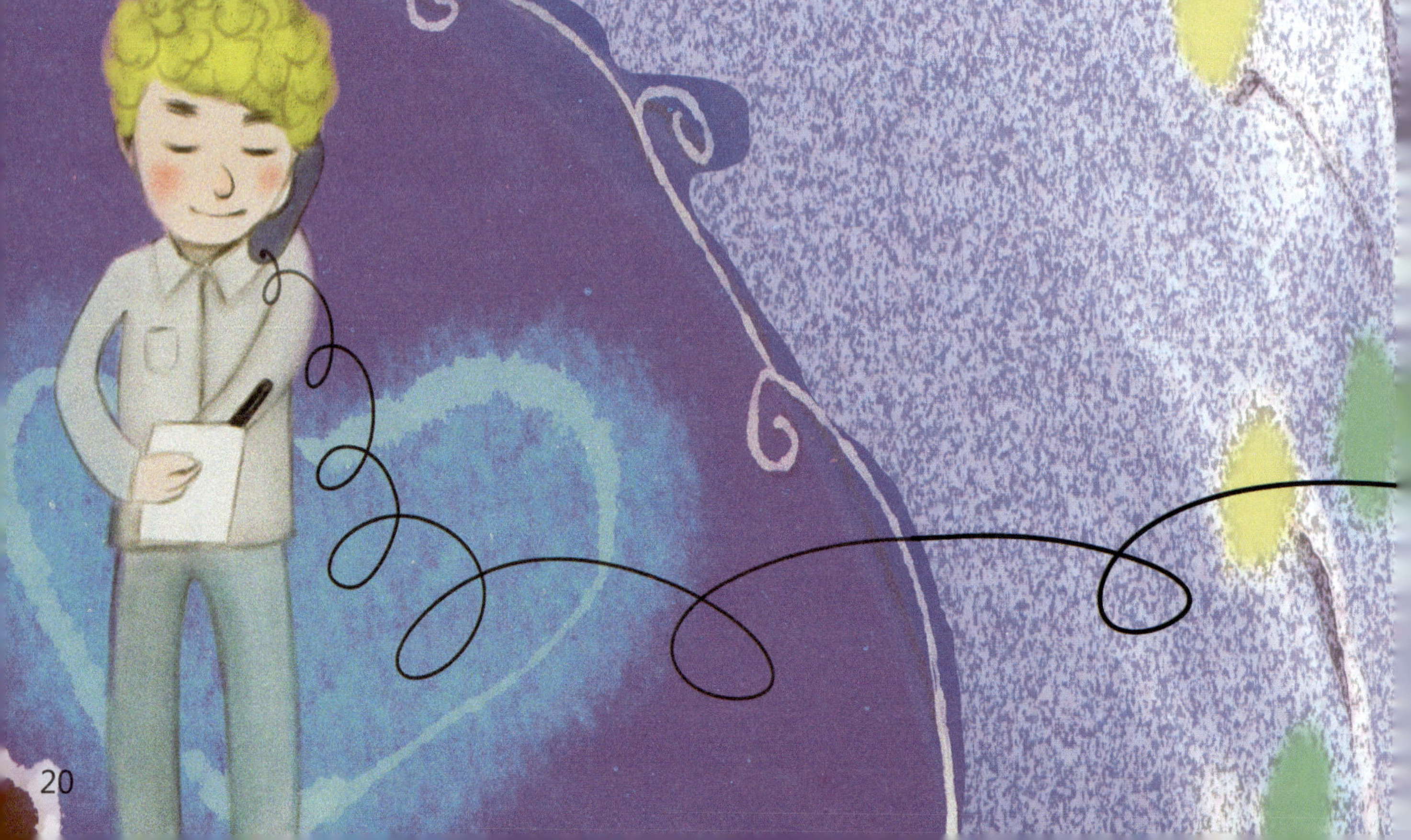

科学研究表明，在性生活中，女性血液中的激素和男性精液中的激素，对新生命的诞生具有不可低估的作用。只是这一点往往为人们所忽视。情绪波动会使人体内的血液呈酸性，而人体内只有长期处于弱碱性才是健康的。想想看，如果夫妻双方在情绪不佳的情况下进行受孕，那样生出来的宝宝会健康吗？所以夫妻双方在打算受孕前就要调整好各自的情绪，以保证健康卵子和精子的释放。受孕是一个严肃而又神秘的过程，而不是一种简单的生理行为，请夫妻双方在各个方面尽量想得周全些。

制订属于自己的胎教计划

斯瑟蒂克胎教故事

每家的情况不一样，所以实施胎教的方法也会不同。比如你和先生的想象力不够丰富，语言表达也不到位，那就要多看一些童话故事以培养自己讲故事的能力。开始时可以照着书给宝宝读故事，以后就可以根据自己的生活经历编一些故事讲给宝宝听， 说不定等孩子生出来后你会发现他是一个讲故事的达人呢！

如果怀孕时需要上班，那就要在工作之余安排时间进行胎教了。

其实在工作中你是可以进行胎教的。比如喝水时，你可以边喝水边摸着肚子对孩子说："宝宝多喝水，身体更健康。"如果在工作中同事帮了你，你可以对孩子说："宝宝，阿姨帮咱们把文件拿来了，你谢谢阿姨啊！""耳闻目堵"中，你的宝宝以后会成为一个很有礼貌的孩子。乘坐公交车比较拥挤时，你可以对孩子说："宝宝莫怕挤，我们一会儿就到目的地了。"不要怕别人笑话你，不要觉得自己像个傻子，嘲笑别人的人才傻呢！下班后回到家，你便可以和丈夫一起进行胎教了， 然而白天你自己对胎儿做的功课也是有效的。总之，在怀孕期间你可以随时随地进行胎教，关键是如何发挥自己的聪明才智！总之，要制订一个比较合适的胎教计划，要根据自己的生活情况，要看夫妻两个人的时间。

斯瑟蒂克胎教理念

怎样做胎教完全是自己说了算，何况胎教的目的并不是培养天才，而是为了让胎儿更好地发育成长。尽管有很多人对我们的做法持有怀疑态度，但是实践证明我们的胎教是非常有效的。事实胜于雄辩哦！

斯瑟蒂克胎教实践方案——

《小王子》精彩语句

◎ 你知道吗？当你心中充满伤感的时候，就会喜欢看落日……

◎ 如果有人钟爱的花朵是世界上独一无二且盛开在浩瀚的星海里，那么当他仰望星空时，便会心满意足。他会告诉自己：“我心爱的花儿在那里，在那遥远的星空里。”可是，如果羊把花儿吃掉了，那么对他来说，满天的星星顿时显得暗淡无光！而你却认为这并不重要！

◎ 我不知道对他说些什么，只觉得自己很笨拙，不懂得怎样抚慰他，不知怎样再回到与他心灵相通的地方。

◎ 我那时是多么无知！我应该根据她的行为，而不是根据她的话语去判断她。她香气四溢，让我的生活缤纷多彩，我真不该离开她……我早该猜到，在她那可笑的伎俩后面是款款柔情啊。花朵是如此天真无邪！那时的我毕竟太年轻了，不知该如何去爱她，珍惜她。

◎ 哦，如果我想跟蝴蝶交朋友，那当然就得忍耐两三只毛毛虫的拜访哦。

◎ 我想，星星们闪闪发亮是不是为了让每个人能够找到回家的路呢？他说：“看，我的那颗星星，虽然就在头顶上却距离如此遥远！”

◎ “待在人群里也是很寂寞的。”蛇说。

◎ 狐狸说：“对我来说，你只不过是个小男孩，就像世上千万个小男孩一样。我不需要你，你也同样用不着我。对你来说，我只不过是只狐狸，就跟世上千万只狐狸一样。然而，如果你驯养我，我们将会彼此需要。对我来说，你将是宇宙中的唯一；对你来说，我也是世界上的唯一。”

◎ 如果你驯养我，我的生命将充满阳光，你的脚步声将不同于其他人的脚步声。听到其他人的脚步声我会迅速躲到地底下，而听到你的如音乐般的脚步声，我会走出洞穴迎接你。

◎ 你看到那成片的麦田了吗？我不吃面包，麦子对我来说毫无意义，麦田无法让我产生联想，这实在可悲。而你长着一头金发，如果你驯养我，那该是多么美好的一件事啊！金黄色的麦子会让我想起你，而且我很喜欢听风吹过麦穗的声音——温暖且温柔。

◎ 用心观察才能看清本质。有些东西，光用眼睛看是不够的。

生活的重心要向宝宝转移

斯瑟蒂克胎教故事

自从知道自己怀孕后，我和约瑟夫就比较注意一些生活细节了。以前，每到周末，我都爱与约瑟夫看电视到很晚，约瑟夫特爱看惊悚片，他喜欢那种惊险刺激的感觉，而我则比较喜欢看煽情的情感剧，经常会边看边哭得稀里哗啦，所以每到周末我们两个都会为看什么电视节目而拌嘴。如果相持不下，我们就用“剪刀石头布”的方式来决定胜负，但即便是我赢了，我也拗不过约瑟夫，只好跟着他看惊悚片。如今晚上看电视时，约瑟夫再也不跟我争了，我说看什么他就看什么。后来欧卡达大夫告诉我们，孕妇不仅不能看惊悚片，同样也不能看太伤感的片子，虽然伤感片不像惊悚片那样刺激人，让人产生恐怖心理，但伤感片会导致情绪上的波动，不利于胎儿发育。所以后来，约瑟夫就带我去电影院看一些比较浪漫的、充满童趣的电影，并且约瑟夫一般周末不带我去看电影，他总是在周二下午请假带我去看电影，因为周末人太多。

我怀孕之后，我们的日常行程都做了调整。本来我们周末会到野外郊游，但是在孕早期，因为害怕流产，所以约瑟夫只是饭后陪我在附近走走。那时我们家周围的风景很美，有小树林、假山景观，还有

一个人工湖，而且到了晚上有不少小孩儿在家人的带领下出来游玩，好一幅和谐的画卷。每当这时，我都会摸着肚子对孩子说：“宝宝，你快出来吧，妈妈想你了。”我们两个就是这样，时时刻刻都不忘跟孩子交流，把自己的内心感受告诉孩子，让他分享到我们的爱。要提醒你的是到了孕中期，也就是三个月以后就可以外出旅行了。后面我会讲一些旅行胎教的故事。

斯瑟蒂克胎教理念

有很多人觉得胎教其实和孕期保健没什么不同，我要告诉你的是胎教关注的是两个人：胎儿和孕妇；而孕期保健，主要关注的是孕妇。单从这一点来讲，我太太写的这本书，你很有必要读下去。因为它是讲你生命中另一个重要的人——孩子的！

斯瑟蒂克胎教方案——

泰戈尔《孩童之道》

只要孩子愿意，他此刻便可飞上天去。

他所以不离开我们，并不是没有缘故。

他把头倚在妈妈的胸前，即使是一刻不见到她，也是不行的。

孩子懂得各种各样的聪明话，虽然世间的人很少懂得这些话的意义。

他所以永远不想说，并不是没有缘故。

他所要做的一件事，就是要学习从妈妈嘴唇里说出来的话。那就是他为什么看起来如此天真的缘故。

孩子有成堆的黄金与珠子，但他来到这个世界上时却像一个乞丐。

他之所以假装这样，并不是没有缘故。

这个赤裸着身体的可爱小乞丐，之所以这样完全是想要祈求妈妈的爱。

孩子在纤小的新月的世界里，是毫无束缚的。

他所以放弃了自由，并不是没有缘故。

他知道有无穷的快乐藏于妈妈的心房，被妈妈亲爱的手臂所拥抱，那种甜美远胜过自由。

孩子永远不知道何为哭泣，世界在他的眼中完全是一片乐土。

他所以要流泪，并不是没有缘故。

虽然他可爱的脸蛋儿上的微笑，使得妈妈那热切的心向着他，然而他发出的微弱的哭声，却编成了怜与爱双重约束的带子。

为宝宝创造一个良好的环境

斯瑟蒂克胎教故事

为胎儿准备一个房间，一方面是让胎儿提前熟悉自己出生后的环境，另一方面是让孕妈妈在这个房间里做胎教。因为有的夫妻不太喜欢把自己的房间装饰得像婴儿房那样艳丽，而在一个充满童趣气息、活泼亮丽的房间里做胎教效果会比较好。所以把婴儿房提前装扮起来，可以给胎教提供一个好的场所。

在设计婴儿房时，约瑟夫特别注意到这一点——色彩。房间里的一切色彩都用自然色，以体现同大自然亲密接触的主题。而那些热情奔放的颜色我们用得比较少，因为房间里如果花里胡哨，人的注意力就不会集中在胎教上了（在后面我会讲到集中注意力对胎教的重要性），颜色对比过于强烈对新生儿的视力也不好。况且当时我们结婚时，也没有多少钱，所以只是简单地装饰了婴儿房，虽然简单但是我们对孩子的爱却不少。

斯瑟蒂克胎教理念

我们把家中为孩子准备的房间收拾布置起来，以作为我进行胎教的场所。理想的孩子房间应是朴素和平静的浅色调，可能的话，最好是自然色，因为这样做使人的注意力不易分散，有利于胎教的顺利进行。

斯瑟蒂克
阶梯胎教法

第二章

基础阶梯

第1~4个月，关爱自己，更要关注宝宝

情绪胎教：胎教的关键是母亲的情绪和态度

妈妈的情绪波动通过激素及大脑产生的物质传达给宝宝。妈妈在孕期勤思考、多学习，以愉快的心情，大声与腹中宝宝交流，这必将带给宝宝大脑很好的刺激。

——斯瑟蒂克

胎谈胎教：搭建亲子交流的平台

丈夫经常这样对我说："腹中的宝宝最能理解妈妈的心情。你必须以一种快乐、祥和、稳定的心态，保护体内的这个小生命，直到他来到这个世界。只有这样，宝宝才能安心地倾听你的话，乐意接受你教他的更多东西。"

——实子・斯瑟蒂克

情绪胎教

胎教的关键是母亲的情绪和态度

妈妈的情绪波动通过激素及大脑产生的物质传达给宝宝。妈妈在孕期勤思考、多学习，以愉快的心情，大声与腹中宝宝交流，这必将带给宝宝大脑很好的刺激。

——斯瑟蒂克

宝宝会很敏感地捕捉妈妈的想法

斯瑟蒂克胎教故事

随着孩子渐渐长大，我和约瑟夫越来越有当父母的感觉了，我越来越意识到我们这个家真的像个家了。约瑟夫每天下班回家第一句话就是：你们两个在家还好吧？瞧，我们觉得孩子不再是胎儿了，而是现实中存在的一个“人”了。

每次睡觉前，我都给孩子唱催眠曲，轻轻拍着腹部，告诉孩子：你该睡觉了！而当遇到危险情况时，我虽然有时吓得不轻，但我还是最先想到其实这时最需要安慰的是孩子而不是我，我会轻拍腹部，告诉孩子别怕，有妈妈在呢！

通过每天的熏陶，我似乎觉得孩子感受到了我的爱，因为她从来没有出现过过激反应，每天总是很乖巧地听我说话。不仅如此，我还觉得她能听懂我说的话呢！也就是说，孩子从娘胎里就和我们形成依恋关系了。不要小看这种关系，它可是孩子以后健康成长的基石，自信心、安全感、创造力这些孩子必备素质的养成都来源于孩子的依恋情感。

妈妈和胎儿是紧密相连的，这不仅仅在于妈妈吃什么，孩子吃什么，而在于妈妈有什么想法，孩子也能感知到。很多人都以为胎儿是没有知觉的，其实不是这样。虽然现在还没有足够的论据来论证胎儿到底有没有知觉，但是我和约瑟夫宁可信其有，因为科学未证实的事情并不是不存在的事情。

凡是经历过怀孕的人，大都有这样的体会：有时胎儿躁动得厉害，但只要给他唱首《摇篮曲》，他马上就安静了。最初别人告诉我这个事实时，我并不相信，因为我对于她是否能听懂我唱的《摇篮曲》表示怀疑。但是后来约瑟夫用科学解释说服了我。约瑟夫说，超声波扫描已经可以看到胎儿的位置、大小以及在腹中的位置了，最神奇的是还可以听到胎儿的心音、看到心脏的跳动。约瑟夫还从欧卡达医生那里借来医院里存档的胎儿照片，让我眼见为实。不仅如此，约瑟夫还找来一些录像带，里面记录的是胎儿的活动情况——胎儿一会儿打哈欠，一会儿打嗝，一会儿喝水，真的有意思极了。可见，在子宫里的胎儿这时已经完全有了人的形态和行为，你真的要把他当成一个人来对待了。可见妈妈和孩子是息息相关、心心相通的，你必须相信这一点。

斯瑟蒂克胎教理念

在看这本书时，细心的你也许会发现，我们很少用到胎儿这个词，因为我们坚信孩子这时已经存在了。既然他是个很现实的存在，为什么不能称呼他为孩子？这也是做个好父母的开始。

斯瑟蒂克胎教实践方案——

纪伯伦《爱》

谁能够毫无眷恋地离开他的痛苦和孤寂？
声音无法带走赋予它翅膀的唇舌，它只能独自寻找天空。
爱到分别时，才知道爱之深切。
当爱挥手召唤你时，跟随着她，尽管她的道路艰难而险峻。
当她张开双臂拥抱你时，依顺着她，
虽然她羽翼中的利刃会伤害你，
尽管她的声音会击碎你的梦，就像狂风扫尽园中的花，
但当她对你说话时，要相信她。
爱除了自身别无所予，别无所取。
爱不占有，也不被占有；
因为爱有自己就足够了。
爱别无他求，只求成全自己。
但如果你爱了，又必定有所求，
那就让这些成为你的所求吧：
融化成一道奔流的溪水，在夜晚吟唱自己的清曲。
体会太多温柔带来的痛苦。
被自己对爱的体会所伤害。
心甘情愿地淌血。
清晨带着一颗希冀的心醒来，
感谢又一个充满爱的日子；
午休，沉思着爱心醉神怡；
黄昏，带着感激回家；
睡前，为你心中的挚爱祈祷，
唇间吟咏着赞美诗。

胎教第一步，妈妈应保持怎样的情绪

斯瑟蒂克胎教故事

十月怀胎过程中，胎儿的身体随着时间在发育，他的心也在不断地发育。如果你生气发火，胎儿也是感同身受的。所以妈妈的情绪好坏真的很重要哦。我怀孕那会儿，偶尔也和约瑟夫拌嘴，但很快就过去了，不影响情绪。

我和约瑟夫的文化程度不高，虽然我们知道生气会对孩子造成不良影响，但是具体都有什么不好的后果我们却不知道，于是我们咨询了欧卡达大夫。欧卡达大夫没有直接告诉我们答案，而是给我们讲了一个故事。

一个心理学家为了研究生气对人健康的影响，做了一个简单的实验：把一只玻璃管插在水里，然后让实验者把气吐到水里，以便收集人们在不同情绪状态下的“气水”。结果发现，一个心平气和的人吐出的气进入水后，澄清透明，无杂色；一个稍微带有怒气的人吐出的气进入水后，水变为乳白色且有沉淀；而一个满脸火气的人吐出的气进入水后，水变为紫色且有沉淀。然后心理

学家将紫色的“气水”用针管注射在小白鼠身上，结果几分钟后，小白鼠就死了。

讲完这个故事后，欧卡达大夫说，人生气时，体内分泌出带有毒素的物质，伤害自己又伤害孩子，大人耐受力强，而小孩耐受力远不及大人，轻则生病，重则体弱，再重则毙命。所以孕妇不能随便生气。

斯瑟蒂克胎教理念

调整和控制自己情绪的过程其实也是自己心理不断成长、强大的过程。因为有些事不是说你不生气就不生气的，总不能本来很生气，还要憋着说不生气吧？这等于自欺欺人。所以要想不生气，重要的是自己对能解决的问题积极解决，解决不了的问题暂时放一放，想想到底是自己能力不行，还是受客观条件所限。凡事都不要太较真、自责。正是用这种方法，我有效缓解了自己在孕期的情绪，也造就了四个性格温和、健康的孩子。约瑟夫管这种缓解情绪的方法叫情绪胎教。所以做好胎教的第一步就是稳定自己的情绪，做好情绪胎教。

斯瑟蒂克胎教实践方案——

给苏珊的日记

亲爱的苏珊：

虽然你从未见过我，我也从未见过你，但我们早已血脉相连、心心相印了。妈妈今天对你说了不该说的话，做了不该做的事，妈妈感到非常后悔，也非常抱歉。妈妈知道你一定生气了，请你原谅，相信妈妈的后悔之心你也一定感受到了。

今天中午爸爸太忙了，没回来给我们做饭，你一定饿坏了吧？妈妈也是。所以当爸爸托人送来便当，妈妈非常生气，因为妈妈最不喜欢吃这些垃圾食品，于是当看到便当时，妈妈就冲着房子说了句：“都是你这个小东西拖累的，要不是妈妈见到油烟恶心，早就自己进厨房做饭了，用不着吃这样的垃圾食品了。”可一说完，妈妈就后悔了，因为你爸爸一直告诉我，我做什么，苏珊都能看到的、感受到的。妈妈当时发脾气时忘记了你的存在，忽视了你，妈妈真的非常抱歉！

亲爱的苏珊，爸爸快回来了，让我们忘记过去的不快吧，以笑容迎接爸爸的归来吧！

爱你的妈咪

从前人的孕育经验中获得胎教的真谛

斯瑟蒂克胎教故事

关于胎教的说法，并非现在才有。我记得小时候在日本时，就从祖母那里听到过关于胎教的说法。比如，孕妇看到火，就会生一个长红痣的孩子；伸手去够高处的东西，孩子的脐带就会绕颈。

当我把这些说法告诉约瑟夫时，约瑟夫一下子就笑了，说："你们日本人太迷信了吧？又没有科学实验证明这些。"

别看约瑟夫挺注重胎教的，但是他只相信科学，他只相信医院的检查结果和欧卡达大夫的话。于是我对他说："你过于理性了，凡是没有经过科学论证的就一律不可信吗？我是这样想的：科学不是能解决所有疑惑的，也就是说还有很多东西等待科学的验证。难道没有经过科学验证的说法都是错误的吗？这只能说明科学有局限性，尚有待发展。所以我认为，对于老辈人的说法，只要没有明显的错误和漏洞，咱们还是听一听吧。而且有的说法，是有一定含义的。比如，孕妇看见着火了，将来孩子会长红痣，寓示母亲如果心中有恐惧，胎儿的身体就会有某种疾病；孕妇伸手够高处的东西，胎儿就会脐带绕颈，寓示孕妇不要做危险动作，否则会伤害胎儿。可见老说法还是有一定道理的。"

斯瑟蒂克胎教理念

做胎教的过程，其实也是丰富自己生活的过程。孕妈妈不能整天无所事事，找点儿事做，保持一定的求知欲，是有利于胎教的。有时我也会把一些听来的古典故事当成胎教故事讲给苏珊听，她竟听得津津有味呢！这样做真是一举两得：一方面扩大了我的知识面，丰富了我的孕期生活，另一方面给小苏珊做了故事胎教，滋养了她幼小的灵魂。

斯瑟蒂克胎教实践方案——

《列女传》

太任在怀周文王的时候，就是内心清净安宁，安心静养，这样生下来的小孩非常聪明。所以古书说“文王所以得圣，由其贤母所生”。文王受了母亲的教育，知道要治理好国家，就要找一位像自己母亲一样的贤妻良母，文王用真心诚求，最终求到了。这位后妃是谁呢？她就是太姒（sì）。她传承了太任的懿风，培养出两位圣人，一位是武王，另一位是周公。后人把像太任、太姒等有德行修养的贵妇人尊称为“太太”。

与宝宝一起，共同感受身边的美好

斯瑟蒂克胎教故事

自从进行了子宫对话，我突然觉得眼前的一切都变得不一样了。虽然周围的环境还是从前那样，但到了我的脑海里立刻幻化成了一幅画卷，我把这幅画卷描述给苏珊听，形成一个非常自然的状态。

其实做胎教的过程也是丰富情感和阅历的过程。以前在你眼里非常不起眼的花花草草，此刻在你的心里有了颜色、味道和感动，以前也许你从它们身旁经过了无数次都不曾认真看它们一眼，而现在你会坐下来，用鼻子闻闻它们的芬芳，用手轻轻触摸它们柔软的“身躯”，然后再用生动的语言讲给孩子听。这对于每个女人来说，都是一个质的变化。在此过程中，你会发现生活的美好，并懂得如何去感受生活中的美好。现在有的年轻人总是抱怨生活的不如意，其实是他们的脚步太匆忙了。只要放慢脚步，细细体味，你会发现生活中原来有那么多令人感动、惊喜的地方：它既是充满劳碌的，又是充满喜悦的。整天抱怨的人，是因为他们只看到生活中消极的一面，而忽略了生活中阳光的一面。女人可以利用怀孕这个难得的时期细细体味生活，颐养身心。

斯瑟蒂克胎教理念

在买童话书时，应尽量选择那些有漂亮图片的。胎儿通过右脑和母亲进行感情交流，而右脑正是专门管理图像信息的脑半球。若孕妈妈一边看着优美的画面一边读书，就可以给胎儿带来更多的良性刺激。孕妈妈可以阅读韵律清晰或有大量拟声词、拟态词内容的书。请记住，胎教时用过的童话书可以作为孩子出生后的早教教材。

胎教时不要忽略夫妻之间的感情交流

斯瑟蒂克胎教故事

人很容易把精力投放在一件事上，就比如你怀孕了，你很容易把注意力放在胎儿身上，不仅妻子如此，丈夫也会这样。做妻子的每天会关心胎儿长成什么样了，能辨别出男女吗，宫内环境适宜胎儿发育吗；而做丈夫的，也会为妻子的每一次变化而操心，他会担心妻子摔跤了会不会影响到胎儿，妻子偏食会不会影响胎儿的发育。这样一家人会把所有的目光都投向未出世的孩子身上。

在这里要提醒你的是，夫妻之间无论在什么时间、什么地点，及时发现对方的情绪都是非常重要的。在怀孕这个平常而又特殊的时期，有些妻子会比较忽视丈夫的感受，她会觉得丈夫所做的一切，如陪她产检，回家照顾她，给她端茶倒水等都是应该的。的确，做丈夫的有关心怀孕妻子的职责，但是不知你想过没有，其实他这样做也是很辛苦的，因为在妻子怀孕期间，丈夫的责任感会更加强烈，他会觉得以前赚钱只要两个人花，现在赚钱需要三个人花，自然压力也就加大了，再加上回家要照顾妻子，他会更加辛苦。这时，做妻子的是否应该体贴、关心一下丈夫呢？

斯瑟蒂克胎教理念

应该明白，在怀孕期间，你不是只有怀孕这一件事，还有很多事需要你做。不要让胎儿占据你所有的时间和精力，多关心一下朋友和家人也是很有必要的，不能因为怀孕便大门不出二门不迈，断绝和所有人的联系。

斯瑟蒂克胎教实践方案——

怀孕后不要忘记偶尔制造一下惊喜和浪漫

其实丈夫所需要的关心，并不是只体现在帮他做饭洗衣等方面，一些言语上的关心，如询问他工作上的困难，人事上有什么问题和苦恼等，下班后一个简单的问候，会让他感到格外温暖。

怀孕之前你可能会经常同丈夫一起出去旅行，一起浪漫地在午后的阳光下惬意地喝咖啡，一块相依相拥在小区散步，甚至你们会为即将到来的情人节制造惊喜。怀孕后，由于你身体的变化和不适、事务的繁忙，以前浪漫的生活便远离了你们。不过浪漫、惊喜的制造方法有很多。也许你不能亲自在情人节给他买玫瑰，但是你可以打电话到花店请他们送一束花给丈夫；也许你无法在经济上给他以援手，但可以在精神上给他以抚慰；也许你无法和他一起外出旅行，但你们却可以手挽手在小区散步。可见做妻子的可以采用各种方法保持和丈夫之间的亲密关系。

胎谈胎教

搭建亲子交流的平台

丈夫经常这样对我说："腹中的宝宝最能理解妈妈的心情。你必须以一种快乐、祥和、稳定的心态，保护体内的这个小生命，直到他来到这个世界。只有这样，宝宝才能安心地倾听你的话，乐意接受你教他的更多东西。"

——实子·斯瑟蒂克

子宫对话，妈妈和宝宝交流的最好方法

斯瑟蒂克胎教故事

在怀孕 5 个月时，我把注意力都放在了孩子身上，开始教她学英文单词。我和约瑟夫管这种方法叫“子宫对话”。子宫对话分为几点：

- 英文字母的教授
- 算术知识的教授
- 自然知识的教授
- 社会知识的教授

在具体实施子宫对话内容时，我会穿插着进行。比如上午教英文字母，下午就讲些自然知识，而且我和约瑟夫还有具体分工呢！自然和算术知识一般都是约瑟夫讲，英文和社会知识一般都是我讲。这样在我怀孕期间，我和约瑟夫也都学习到了很多新知识呢！

为了更好地进行子宫对话，我和约瑟夫都会提前“备课”。比如第二天要讲物种起源，约瑟夫头天便会查看相关资料，然后根据物种进化的过程画出图表。

准备子宫对话的内容时，感觉自己又回到了童年。当然这时不必像老师那样教孩子，不要让孩子觉得你是老师，要让他觉得你就是他的爸爸或妈妈。小时候听到的好故事可以讲给孩子听。可以学点儿新的儿歌和故事，因为小时候的儿歌和故事可能你已经忘记了，或者兴许孩子不喜欢听那些过时的儿歌和故事呢！

对于给孩子讲自然和社会知识这个事，有人也许会觉得那些东西太复杂了。其实，大自然本来就是复杂的，比如刮风和下雨这些简单的自然现象，里面蕴含着一定的科学道理。胎儿大脑的能力是无穷的，不要认为他听不懂，不要小瞧了孩子。而且现在给他讲这些，并不是一定要让他明白什么道理，而是为了培养他探索未知世界的兴趣。可以说胎儿的大脑是个未知的宇宙，它的能量是无穷的，蕴藏着一切可能。

比较这几种方法，我比较注重英语胎教。因为我自己的英文不是很好，所以我希望孩子这方面比我强。我坚信只要从一开始就给孩子营造一个英文的环境，出生后他对英语就会比较熟悉，这意味着普通的父母也可以打造一个有英语天赋的小孩。

虽然这样想，但是我还是不免有些担心。约瑟夫知道后，就安慰我说：英语是种节奏语言，给胎儿讲英语，其实并不是让胎儿了解每句话的含义，而是让胎儿体会英语的语音、语调和节奏感。所以孕妈妈不要有什么负担，照着念念就足够了。

斯瑟蒂克胎教理念

进行胎教也是获得自信心的过程。有的人原来很内向，比如我太太，之前没怀孕时，总是害怕在人前说话，可她怀孕后就变成了一个话匣子，人也外向了很多，这一切的改变不得不归功于她腹中的孩子。

斯瑟蒂克胎教实践方案——

粉笔

可以用来画图，你可以准备各种颜色的粉笔。在黑板上用颜色鲜艳的粉笔画图，视觉效果会更好。

小黑板

使用小黑板会让你找到做老师的感觉，也许在孩童时期你还做过当老师的梦想呢！如果没有黑板，也可以用白板笔，但要记得准备一块白板！

剪纸

如果你是个心灵手巧的人，你可以用剪刀剪出各种动物或植物的图案，然后将它贴在黑板上便于讲解。

请时刻注意宝宝的存在，并与之经常对话

斯瑟蒂克胎教故事

子宫对话，我觉得是一种重要的胎教方法，而且这种方法简单实用，随时随地都可以进行。在刚开始怀孕时，我还不知道要说什么，约瑟夫鼓励我说："你看到什么说什么好了，就当同我在说话。"于是每天早上，我躺在床上，对苏珊说："宝宝，该起床了，太阳公公叫咱们起床了。"有时我还会做个俏皮的动作，然后再起床。吃早点时，我会对苏珊说："宝宝，今天早上我们吃什么呢？看看爸爸给我们做了什么好吃的。哇，好丰盛营养的早餐啊，有热腾腾的牛奶，有帮助脑部发育的鸡蛋，还有富含维生素 C 的果汁。我们赶快来吃吧！"

中午时，约瑟夫从工作的地方赶回来给我做饭，他不喜欢我到外面的饭店去吃饭，因为那里的饭菜都很油腻，而去便利店吃饭他又担心食物的热量过高。对于他的一片苦心，我非常感动。可以说丈夫经常陪伴自己是一种幸福，而他在自己最需要的时候就出现在身边，这又是另一种幸福。在等待饭熟时，我会对苏珊说："宝宝，爸爸在给我们做饭呢。你知道吗，爸爸当初和妈妈结婚时是不会做

饭的，但是因为现在妈妈不能闻油烟味儿，爸爸就买来菜谱，照着做菜。虽然刚开始做得不是很好吃，但是做了几次爸爸的水平见长，我们为爸爸的进步鼓掌吧！爸爸今天做了好喝的鲫鱼豆腐汤，豆腐中含有丰富的钙，宝宝吃了会骨骼健壮，宝宝到时一定要多吃啊！”

而在下午睡过午觉后，一般都是我一个人在家，这时我会做点儿家务。扫地时，我会对苏珊说：“宝宝，咱们来扫地吧！咱们两个把家里收拾干净了，爸爸回来看着干净的家一定会非常开心哦。把家里收拾得干净利落后，我们就会生活在一个舒适的空间，心情也会很好哦。”这样在无形中，我让苏珊懂得了爱劳动不仅会人见人爱，而且劳动带来的洁净对身体健康也是有利的。由于孕期大多是我一个人在家，和苏珊说话也排遣了我的寂寞。

其实我知道这个时期的苏珊是听不到的，但是我觉得用心为苏珊做每件事她是能感觉到的，所以我就一直坚持着。

总之，通过子宫对话，你会发现生活中有很多美好的地方，以前你可能只是默默地感谢生活给你带来的一切，而现在你真正学会了如何赞美生活，这是你孕前所不能感受到的。

斯瑟蒂克胎教方案——

纪伯伦《孩子》

你们的孩子并不是你们的孩子，
他们是渴求生命的儿女。
他们因你们而来，却不是为你们而来，
尽管在你们身边，但他们却并不属于你们。
你们可以把爱给予他们，却不能给予思想，因为他们有自己的思想，
你们建造的房舍可以荫蔽他们的身体，但却荫蔽不了他们的心灵，
因为他们的心灵栖息于明日之屋，
即使在梦中你们也无缘造访。
你们可仿效他们，却不可企图让他们像你。
因为生命不会倒流，也不会滞留于往昔。
你们是弓，你们的孩子是被射出的生命之箭。
那射者瞄准无垠之旅上的目标，用力将你弯曲，
以使他的箭迅速远飞。
让你在射者的手中弯曲吧；
因为他既爱飞驰的箭，也爱稳健的弓。

宝宝会用“心”感受外界的环境

斯瑟蒂克胎教故事

邻居苏姗大妈经常向我讲述近期社会上发生的一些骇人听闻的暴力事件，约瑟夫担心我听了受刺激，同时他也不想让我们的孩子这么早就接受一些负面信息，所以他经常将苏珊大妈阻挡在我家门外。虽然欧卡达医生说胎儿在六七个月才有听力，但在孕早期时约瑟夫也不让我听到那些不好的声音，因为他觉得胎儿是有感觉的，他能感受到来自周围的一切声音。当时觉得约瑟夫过于谨慎，后来事实证明他做的是对的。

约瑟夫对自己的言行也非常谨慎，在我怀孕时他都尽量听我的，有时虽然我做得不对，约瑟夫也会尽量用委婉的口气指出我的不对，因为他觉得盲目听从我的，会让我养成颐指气使的习惯，会给肚子里的孩子造成不好的影响，使他养成自高自大的性格。

斯瑟蒂克胎教理念

妈妈只有不断完善自己，认识到自己的不足，并及时改正，才能为孩子树立一个良好的榜样。在我怀孕的时候，我们的家庭气氛没有因为新生命的到来变得紧张，而是更加和谐了。因为要想让孩子出生在一个和谐的家庭里，父母首先要知道如何完善自己，特别是妈妈。有的女人因为自己怀孕了，就好像成了大功臣，对丈夫呼来喝去，而丈夫也不敢说出妻子的不足，这是不利于胎儿成长的，因为所有的胎儿都希望自己出生在一个健康和谐的家庭。完善自己也是女人成熟的标志，成熟女人孕育出的孩子性格会比较阳光。

斯瑟蒂克胎教实践方案——

为胎儿营造良好的环境氛围

收音机里会播放一些非常俗气的、成人之间的谈话，每当这时约瑟夫就会把收音机关掉或者调到儿童频道，尽管我不太喜欢听那些幼稚的节目，但也接受了他的安排。有时电视里的广告声音很大，约瑟夫就会把电视声音调小，因为他觉得胎儿不需要听这么大的声音。虽然我们家四周比较安静，但有时为了生活的需要，我们还是需要到市里买东西，但考虑到市里街上会有各种噪声，比如摩托车的疾驰声、汽车的鸣笛声，约瑟夫就一个人承担了外出采购的任务，这一点我非常感谢他。

胎教理念

进行胎教必须有一个安静舒适的环境，使孕妈妈没有任何不安和担心。只要实子能把满腔的爱都倾注到孩子身上，我会竭尽全力做好一切的。我从不和实子吵架，因为我从书本中得知，夫妇不和给胎儿带来的危害要比妊娠疾病、吸烟、工作过于疲劳等因素带来的危害大许多。

——斯瑟蒂克

让宝宝看到你，听到你的声音

斯瑟蒂克胎教故事

虽然胎儿在六七个月时才有听力，但是我和约瑟夫在孕早期时就已经对苏珊唱歌、讲故事了，因为我们坚信苏珊可以听见。我觉得光给胎儿念故事是不够的，还要将故事绘声绘色讲给胎儿听。每次给苏珊讲故事前，我总是先把故事看几遍，想象一下自己听了这个故事后会怎样，然后将自己的感受用形象的语言传达给苏珊。

无论对胎儿讲什么，我都把自己想象成故事里的主人公，用自己的触觉、听觉、视觉感知故事中的情景，然后将自己的真实感受说给胎儿听。我从来都不会照着书念故事，尽可能使用自己的语言。有时讲着讲着我想起了自己小时候的生活，会把自己儿时的经历讲给胎儿听，虽然有很多事记得不是很清楚了，但毕竟自己亲身经历过，所以讲起来还是蛮有感情的。有时约瑟夫也会跟胎儿讲自己儿时的故事，因为我生性文静，约瑟夫活泼好动，所以我们的故事经常会有很多不同，约瑟夫讲故事时总爱边讲边摆动作，仿佛演员在舞台上演戏，但毕竟不是专业演员，所以有些时候他摆出的

动作不免有些滑稽，总是逗得我哈哈大笑。而我习惯于像钢琴演奏家那样坐在那里静静地给苏珊讲我觉得有意思的故事。

当然，讲故事时也会遇到我从来没有遇到的情形，这时我的想象力就发挥不了多少作用了，我只能从故事的情节进展中体会主人公的感情，在音调上做相应的调整：如果遇到比较愉快的情节时，我的声音就变得兴奋；如遇到比较悲伤的情节时，我的声音就变得缓慢低沉；如果讲的是一个冒险的故事，我的声音就变得充满信心。

斯瑟蒂克胎教理念

当然情节太恐怖的故事我是不会讲给苏珊听的，那些有暴力情节、战争情节的故事我也是不讲的，比如《白雪公主》《小红帽》，这些故事虽然不错，但是我总觉得里面有些情节会吓到孩子。虽然世界的真实面目迟早是要告诉孩子的，但这么早就告诉他，有些太残酷。什么阶段该知道什么，其实是有讲究的。太早告诉他，他也不见得能懂得成人世界的阴险与复杂，对于小孩子你总要先给他描绘一幅美好的蓝图，让他知道这个世界是美好的、可信的，让他对未来充满希望与信心。随着孩子阅历的丰富，当他真正融入社会时，你就可以跟他讲一些历史和现实中的是非曲直的故事，一方面通过这些故事他知道世界上有对与错、是与非、美与丑、善与恶，另一方面也增加了他的自我识别和自我防范能力，因为这个世界并不是所有的人都是善良之辈。总之，我在用自己的声音为孩子描述一个真实的世界。而在讲述这些故事时，我的人生经历变得丰富起来，孕期生活也变得不那么枯燥乏味了。有时想想，童话不只是讲给小孩听的，也是讲给大人听的，因为每个人的心里都有童话情结！

斯瑟蒂克胎教实践方案——

小女孩梅里

我在给苏珊讲梅里去山里野营这个故事时，一个有红头发、褐色眼睛的小女孩的形象便出现在我的脑海里。而讲到梅里到山里时，我便联想到山里的情形：漫山遍野的林木，郁郁葱葱，穿行在林间小道中，不时可看见各种小动物，有小松鼠、野兔、山鸡，等等。同时我想到，梅里在山上搭建帐篷时心情一定非常激动。为了准确地向苏珊传达梅里当时的真实感受，我想象自己身临其境：看到山里的野草莓熟了，我一定会弯下腰来摘一枚放到嘴里；我提着木桶到小溪边去打水，看到那清澈的溪水，我会立即放下木桶，脱掉鞋子坐在溪边把脚伸到溪水里，冰冷刺骨的溪水不禁让我尖叫起来。就这样，通过自己的联想，我把自己的感受传达给了苏珊。

斯瑟蒂克
阶梯胎教法

第三章

提高阶梯

第 5 个月 ~ 分娩：真正的胎教开始了

音乐胎教：互动体验式胎教，对宝宝正确地表达和传递爱

当我在做饭、整理房间或晾晒衣服时，经常会哼唱一些平时我喜欢的歌曲，让腹中的宝宝与我一起分享歌曲带来的快乐和感动，向他传递爱的信息，或同他一起欣赏音乐，培养他的感悟力。

——实子・斯瑟蒂克

美育胎教：妈妈陶冶情操，宝宝培养气质

我总是充满感情地大声朗读，同时在脑海中对故事内容形成一个具体的想象，以便更加具体地传递给宝宝，因为我认为宝宝已经有心了。

——实子・斯瑟蒂克

闪光卡胎教：用爱心向宝宝传递“语言之画”

人的大脑能力仅被开发了百分之三四。为了挖掘那蕴藏着而又未被发现的能力，难道我们不应该把一切的可能性，兴许是超越以往人们认知的可能性寄托在腹中宝宝的身上吗？

——实子・斯瑟蒂克

音乐胎教

互动体验式胎教，对宝宝正确地表达和传递爱

当我在做饭、整理房间或晾晒衣服时，经常会哼唱一些平时我喜欢的歌曲，让腹中的宝宝与我一起分享歌曲带来的快乐和感动，向他传递爱的信息，或同他一起欣赏音乐，培养他的感悟力。

——实子·斯瑟蒂克

用柔和的声音给宝宝唱快乐的歌曲

斯瑟蒂克胎教故事

因为约瑟夫比较忙，而当时我们家又请不起保姆，所以如果我不是很累，我就在家做些不太花力气的活儿，比如扫地、抹桌子、晾晒衣服，每当这时我会边唱歌边做家务。我一般不唱调子很高的歌，因为我不能太用力，而且胎儿也比较喜欢听声音柔和的歌。音乐可以颐养人的身心，听着美妙的音乐，你会在轻歌曼舞中度过孕期那稍微有些无聊的时光，心中充满孕育的喜悦。如果你会演奏乐器，弹一些曲调柔和的曲子，那是再好不过的了。

斯瑟蒂克胎教理念

在怀孕早期，唱歌的目的其实是为了让自己的心情更愉悦，看到这里有人会问了，胎教不是针对胎儿的吗？不尽然，胎教既有针对胎儿的活动，又有针对孕妈妈自己的活动，胎教的目的就是为了让孕妇愉快、身心轻松，让胎儿健康发育，所以对胎教意义的理解不要太狭义了。

斯瑟蒂克胎教实践方案——

英文歌曲《平安夜》

Silent night	平安夜
Silent night, holy night	平安夜，圣善夜
All is calm, all is bright	万暗中光华射
Round your Virgin mother and Child	照着圣母也照着圣婴
Holy infant, so tender and mild	多少慈祥也多少天真
Sleep in heavenly peace	静享天赐安眠
Sleep in heavenly peace	静享天赐安眠
Silent night, holy night	平安夜，圣善夜
Shepherds quake at the sight	牧羊人在旷野
Glories stream from Heaven afar	忽然看见了天上光华
Heavenly hosts sing Alleluia	听见天军唱哈利路亚（赞歌）
Christ the Savior is born	救主今夜降生
Christ the Savior is born	救主今夜降生
Silent night, holy night	平安夜，圣善夜
Son of God, love's pure light	神子爱，光皎洁
Radiant beams from thy holy face	救赎宏恩的黎明来到
With the dawn of redeeming grace	圣容发出来荣光普照
Jesus Lord, at thy birth	耶稣我主降生
Jesus Lord, at thy birth	耶稣我主降生

顺从内心的喜好，聆听莫扎特音乐

斯瑟蒂克胎教故事

有时在家待烦了，我就会到附近的茶室坐一坐，之所以选择那家茶室，是因为那个茶室经常播放莫扎特的音乐。莫扎特的音乐旋律比较简单，同一旋律可以重复很多次，而且乐曲大部分都是轻音乐，所以孕妇非常适合听莫扎特的音乐。据说胎儿也有音乐偏好，他们都喜欢莫扎特、维瓦尔第的乐曲，而对瓦格纳的音乐、重摇滚和贝多芬的某些乐曲有不同程度的排斥。

斯瑟蒂克胎教理念

虽然我太太的确去听了莫扎特音乐，但其实她内心并不喜欢听莫扎特的音乐，因为她以前没有听古典音乐的习惯，怀孕后是在我的劝说下才去听的。后来我发现这样做其实是不对的，如果实子自己对这种音乐就很排斥，她就会把这种情绪传递给胎儿，胎儿便不会接收到莫扎特音乐的美妙，感受音乐带来的好处。所以在进行胎教的过程中，千万不要强迫自己做什么，因为你的任何心情都会被胎儿感知到。

tea
茶屋

在音乐中冥想，让生活充满乐声

斯瑟蒂克胎教理念

音乐能培养胎儿丰富的情感感受性。听着 CD 盘或 U 盘播放出的轻音乐，在音乐中发挥冥想，度过一段段美好的时光，会使你和胎儿心情愉悦，幸福快乐。如果你自己会演奏一种乐器，那将提高音乐的美感和参与性，真是太好了。

斯瑟蒂克胎教实践方案——

适合胎教的古典音乐曲目表

J. S. 巴赫	小提琴与双簧管的协奏曲第二乐章、柔板管弦组曲第三号第二曲咏叹调、拨弦古钢琴协奏曲第五号第二乐章慢板
威尔第	小提琴协奏曲《恋人》第一乐章，《四季》第四乐章
台雷曼	箫笛、长笛协奏曲第一乐章、第三乐章
莫扎特	《小夜曲》
亨德尔	《王宫烟火音乐》——协奏曲一号长调、协奏曲三号长调
马尔切诺	双簧管协奏曲第二乐章

胎教理念

听觉器官是胎儿最早发育的器官，所以音乐能被胎儿所感受，并且是母亲与胎儿之间联系的特殊“桥梁”。胎儿在子宫内首先感受到的是韵律，而音乐的韵律是最和谐的。我的实践证明，胎儿对音乐有反应，而且他们对高低音、节奏、音色等音乐元素都有反应。父母通过音乐和胎儿“谈心”，进行感情交流，可以消减胎儿出生后对外界的生疏感，使孩子出生后与父母的关系更为密切。

不仅如此，音乐还能促进胎儿身心发育。优美的音乐能使母亲体内产生有益身心健康的激素和一些酶，这些物质随血液进入胎盘，起到调节血液流量和兴奋细胞的作用，进而改善孕育环境，有益胎儿发育。

自编亲子儿歌，传递爱的智慧音符

斯瑟蒂克胎教故事

有些自然现象很不容易用图片或者文字表现出来，比如火山喷发，所以对于这类内容我们讲得不是很多。但日常见到的、自己比较熟悉的东西，比如苹果，我们都吃过、摸过，这样讲起来就比较容易，你可以告诉胎儿苹果的色泽、味道、成熟采摘期、挑选方法，以及什么样的人不适宜吃苹果，还有那句“一天一个苹果，疾病远离我”的谚语，这些我感触都比较深，因此选择这类题材进行胎教可以将我自己的真实感受传达给胎儿，胎教效果比较好。

在胎教过程中，你可用家里的常见物品和水果对胎儿讲话：

◎水果类：苹果、香蕉、梨、桃子、哈密瓜等；

◎厨具类：锅、电水壶、碗、盘子、刀叉等；

◎客厅用品：沙发、桌子、台灯、电风扇、电视、电冰箱等；

◎卧室：床、大衣柜、五屉柜、穿衣镜等。

如果你在孩子出生前已经为他购买了一些婴儿用品，比如婴儿车、婴儿床、婴儿玩具、婴儿挂图、婴儿服等，你可以就这些与胎儿进行对话。你也可以结合常见的物品，编一些儿歌唱给胎儿听，比如你可以结合苹果，编一首儿歌：苹果红又甜，我爱吃苹果，苹果苹果苹果真好吃。

斯瑟蒂克胎教实践方案——

下面是几首关于蔬菜、水果、植物的儿歌，在胎教中可以试着念给胎儿听：

豆豆歌

小果果，搬豆豆，搬了豆豆种豆豆。
种豆豆，摘豆豆，果果年年吃豆豆。

种子

种子种子像宝宝，看见太阳叫妈妈，
伸出两瓣绿芽儿，想让妈妈抱一抱。

葡萄

葡萄园，架扶梯，葡萄娃娃好欢喜。
你也爬，我也爬，一鼓作气往上爬，
爬到高处瞧一瞧，脸儿憋得红又紫。

棉花婆婆

棉花婆婆像小孩，吹出一只大青桃，
桃子熟了不能吃，棉花婆婆直跺脚，
农民伯伯见了笑，摘了棉花往家抱。

美育胎教

妈妈陶冶情操，宝宝培养气质

我总是充满感情地大声朗读，同时在脑海中对故事内容形成一个具体的想象，以便更加具体地传递给宝宝，因为我认为宝宝已经有心了。

——实子·斯瑟蒂克

增强注意力的呼吸法

斯瑟蒂克呼吸法实践步骤

斯瑟蒂克胎教法要求，做胎教时一定要集中注意力，因此保持内心的平静、排除外界干扰是必需的。在每次做胎教前，练习一下呼吸法可以缓解紧张情绪，平静心情，集中注意力。

呼吸法的步骤

第一步，选取舒适、自然的姿势坐在椅子上或躺在床上。

第二步，腰背舒展，全身放松，微闭双眼。

第三步，缓慢吸气 4 ~ 6 秒，让气体进入自己的腹部。

第四步，缓慢呼气 8 ~ 12 秒。

斯瑟蒂克呼吸法练习要点

练习时可以坐在椅子上、沙发上，或者躺在床上。

练习时尽量把注意力集中在吸气和呼气上，形成习惯后，注意力自然就集中了。

练习时要穿着宽松的衣服，避免衣服给自己带来不舒服感。

练习缓慢呼气、吸气，集中注意力是取得胎教效果的好方法。

妈妈保持求知欲，促进胎儿大脑发育

斯瑟蒂克胎教故事

在进行子宫对话时，我会遇到不同的东西。比如在散步时，我会讲眼前的所见，而有时看到我不认识的花花草草，虽然不能说出它们的名字，但通过鼻子闻、手触摸告诉苏珊我的感受。看到天空中飞过的小鸟，我会把它的羽毛颜色、叫声描述给苏珊听，让她与我一起感受大自然的美好。

如果散步去到博物馆、天文馆、植物园时，我会抓住机会向专业人士请教一些关于天文地理方面的问题。去花店或水族馆时，我会进去问些相关问题。甚至经过汽车修理店时，我也会就汽车构造方面的问题，请教店员。刚开始时，我总是让约瑟夫替我咨询、请教一些问题，而约瑟夫鼓励我自己去，他说："有求知欲的妈妈生出的孩子也有旺盛的学习热情，这是孩子一生成功的法宝。"这样，我只能硬着头皮请教各种问题的答案。随着身体越来越不方便，我很少外出了，这时我的问题怎么解决呢？幸亏，约瑟夫想到了图书馆。

约瑟夫从图书馆里借来关于天文、地理、物理、化学方面的书籍供我查阅。实在弄不明白，就打电话到天文馆、博物馆、植物园询问我不懂的问题。有时我也会打电话问朋友，用这些办法我真的解决了不少问题呢！谁说怀孕全职在家的女人无聊，瞧，可以干的事情还不少呢！

通过这样的方法，我的孕期生活变得充实了许多。由于我爱问问题，这使得苏珊出生后也成了一个爱发问、爱钻研的孩子，这一切都归功于我在孕期是个求知欲极强的人。

而那些可以外出工作的准妈妈则可以利用工作中接触到的事物进行胎教。比如你是做孕产育儿类书籍的编辑，那你每天肯定会接触到各种育儿信息，比如关于美国的育儿历史，你至少知道美国的儿科历史是从霍尔特开始的，而霍尔特的育儿思想最关键的一点就是日程化哺乳，也就是按点儿哺乳（如今中国提倡按需哺乳），这样做的目的是让很多职业妈妈从哺乳的烦恼中解脱出来，不耽误她们外出工作、聚会、逛街。你想想，如果你按需哺乳，孩子饿了你就喂奶，那你还能正常上班吗？并且霍尔特还提出，不要给孩子过多的保护，衣服不要穿得太厚，这听起来好像有些残酷，但细想一下，还是有道理的。孩子穿得太厚、吃得太多就容易生病。霍尔特还提到，孩子都有自己的成长规律，不能觉得自己孩子长得比别人孩子矮就觉得自家孩子不正常。对于那些爱攀比的家长来说，这无疑是一剂冷心针。所以爱孩子是需要技巧的。这些都是育儿书籍编辑经常接触到的东西。你可以利用这些，不断为自己充电，这样做对胎教也是有利的。

斯瑟蒂克胎教实践方案——

孕期要勤于动脑

如果孕妈妈既不思考也不学习，胎儿就会受到影响，变得懒惰起来。显然，这对于胎儿的大脑发育是极为不利的。而倘若孕妈妈始终保持着旺盛的求知欲，则可使胎儿不断接受刺激，促进大脑神经和细胞的发育。因此，孕妈妈要勤于动脑，不断学习，在工作上积极进取，保持生活热情，注意观察身边的人和事，把自己看到、听到的事情传递给胎儿。要拥有浓厚的生活情趣，凡事都要问个为什么。对于不理解的问题，可以到图书馆查阅资料或请教有关专家。总之，孕妈妈要始终保持强烈的求知欲和好学心，这样胎儿才能受到良好的熏陶。

如果你是全职太太，就一定要让自己的孕期生活充实起来，否则你的懒散会影响宝宝的；如果你是个职业女性，你要妥善处理好工作和怀孕之间的关系，尽量让孕期生活丰富有趣一些。

利用婴幼儿画册与宝宝心灵交流

斯瑟蒂克胎教故事

现在书店可供选择的幼儿画册种类繁多，有能奏乐的画册，有能活动的画册，有能折叠的画册，等等，内容多围绕探险、理想、幸福、爱情、亲情、友情等主题。只要是适合胎儿成长的主题都可以选用。

利用幼儿画册作为教材进行胎教时，一定要注意把自己的感情倾注到情节中去，通过语气声调的变化，让胎儿逐渐领会故事的情节。试想，单调乏味和毫无生气的语调怎么能唤起胎儿的情感共鸣呢？一切喜怒哀乐的情感需要都将通过孕妈妈富有感情的声调传递给胎儿。做到这一点对于准妈妈来说，应该不是件难事吧！

另外，我们在读画册时感受到的那些赏心悦目的色彩和独特的艺术享受也要传达给胎儿。

斯瑟蒂克胎教理念

为了培养胎儿的想象力、创造力以及进取心，最好的胎教素材莫过于幼儿画册。你可以在自己的头脑中，把幼儿画册中每一页所展示的幻想世界，用自己丰富的想象力描述给胎儿，从而促使其健康地发育。

斯瑟蒂克胎教实践方案——

《小黑鱼》

《小黑鱼》是美国绘画大师李欧·李奥尼享誉世界的代表作，曾获1964年凯迪克大奖、《纽约时报》年度最佳绘本奖、美国图书馆协会年度好书奖、1967年捷克布拉迪斯拉发国际插画双年展金苹果奖。

大海的一个角落里住着一群小鱼，大家都是红色的，只有一条小鱼是黑色的。有一天，一只凶猛的金枪鱼吃掉了所有的小红鱼，只有小黑鱼逃走了。它孤身一人在海里游荡，遇到了很多稀奇古怪的生命，于是又高兴起来。小黑鱼后来又遇到另一群躲在礁石后的小红鱼，为了生存，它们不再躲避，小黑鱼想了个好办法，它教大家游成大鱼的形状，而自己来当眼睛！游啊游，它们在清凉的早晨游，在明媚的中午游，把那些大鱼都吓跑了。

不是妄想吧，给胎儿说英文

斯瑟蒂克胎教故事

忙完了早上的家务后，我就开始教苏珊学习英文字母了。我一般都会捧着肚子说：“来，宝宝，现在我们开始学 F、G、H、I、J 五个字母。”

我一般每天教的字母不会超过五个，这样我就不会觉得太累。因为在教孩子学字母时，我要把每个字母的写法和读音都教给胎儿，甚至有时我还会根据字母的形状编一个故事说给胎儿听，所以在教字母的过程中我的联想能力、口述能力都需要发挥作用。我甚至会用不同颜色的彩笔把字母描成不同颜色，借此教胎儿一些关于色彩的知识。随着胎儿学会越来越多的字母，我还会教胎儿唱字母歌。所以我的字母教授不单单是教字母，而且还教与字母相关的东西，这样整个过程就变得比较丰富有趣。

不过你不要期望像出生后的孩子那样，胎儿会对你的讲解做出真实的反应，也不要期望孩子能真正看到字母是怎么写的。我只是通过这种方法，培养孩子的一种学习兴趣和能力。

当然，对于讲课的环境我也是精挑细选的。我一般都在婴儿房里教胎儿学习，因为婴儿房的布置让人很有心情做这些事情。一般都是当我准备好胎教课程时才来这里做胎教。平常像给胎儿讲一些日常生活现象，比如电冰箱的工作原理，我一般不在婴儿房里进行，而是在厨房里讲这些，因为电冰箱是放在厨房里的，让胎儿看到实物，然后再讲解，这样更生动具体，胎儿的记忆也更持久。而讲到一些自然现象时，我一般会在散步时结合当时的天气情况来进行，比如刮风了，我会边关窗户边告诉胎儿：刮风了，我们得把窗户关起来。然后问胎儿：你知道为什么刮风吗？如果胎儿没有明显的反对动作，我便开始给他讲为什么会刮风。总之，我会结合生活中的情景和需要来选择做胎教的场所。

斯瑟蒂克胎教理念

注意力要集中对于教授孩子学习非常重要。首先你要调整心态，不要把自己放在老师的位置上，要觉得自己也是个胎儿，学习时也要像第一次看到学习的内容那样保持一种非常强烈的求知欲，这样通过你的意念，你就会把自己的学习感受传递给胎儿。同时，在学习时，我一般都会关上窗户，使自己不被外界干扰，集中精力胎教。有时我会把字母用鲜艳的彩笔描得很突出，这是为了在胎教过程中强化我的意念和注意力，使胎儿更明确地感受到我的意识和思想。

斯瑟蒂克胎教实践方案——

英文故事："Who Deserves Help?"

Many years ago, a very rich man wanted to do something for the people of his town. First he wanted to find out who deserved his help, so he put a very large stone in the center of the main road into town. Then he hid behind a tree and waited. Soon an old man came along with his cat.

"Who put this stone in the center of the road?" said the old man, but he did not remove the stone. Instead, with some difficulty he passed around the stone and continued on his way. Another man came along and did the same thing; then another came, and another. All of them complained about the stone in the center of the road, but none of them tried to remove it. Late in the afternoon, a young man came along. He saw the stone and said, "The night will be very dark. Some neighbors will come along later in the dark and will fall against the stone."

The young man then began to move the stone. He pushed and pulled with all his strength to move it to one side. But to his surprise, he found a bag full of money and this message under the stone: "The money is for the thoughtful person who removes this stone from the road. That person deserves help."

谁值得帮助呢？

很多年以前，一个非常富有的人想为他所在的城镇里的人们做些事。但他首先想知道的是谁值得帮助，因此他在入城的主要道路中心摆放了一块非常大的石头，然后藏在一棵树的后面观察。很快一位老人牵着一头母牛走过来了。

“谁把石头挡在了路中间呢？”老人自言自语道。但他并没有移走那块石头，而是费劲地绕过石头，继续往前走。另一个人走过来了，并且做了同样的事；又一个人走来了，每个人都如此。他们都在抱怨石头挡在了路中央，但他们却没有一个人去移走它。午后，一个年轻人走过来了，当他看见路中间的石头时，心想：“晚上天黑，路人经过这里时，不小心被这石头绊倒麻烦就大了。”

于是，年轻人开始移走石头，他推啊推，费了很大的力气才把石头推到了一边。就在这时，他意外地发现了一个装满金钱的袋子和一张纸条，只见上面写道：这些钱留给从路中间搬走石头的热心人，他是一个值得帮助的人。

闪光卡胎教

用爱心向宝宝传递“语言之画”

人的大脑能力仅被开发了百分之三四。为了挖掘那蕴藏着而又未被发现的能力，难道我们不应该把一切的可能性，兴许是超越以往人们认知的可能性寄托在腹中宝宝的身上吗？

——斯瑟蒂克

制作闪光卡，修身养性的好方法

斯瑟蒂克胎教故事

从妊娠第 5 个月开始，我开始使用闪光卡作为胎教教材。其实在妊娠初期，我就根据 5 个月以后的胎教课程需要把这些卡片做出来了。

闪光卡片，就是用彩笔在白纸上写上文字、数字和卡片，其内容包括：数字以及用这些数字进行加、减、乘、除的算式，还有五十音图中的清音和拨音假名，以及用这些假名开头的单词，片假名也一样，再加上英文的大、小写等。

在制作这些卡片时，尽量考虑色彩的搭配，要用鲜艳的色彩勾画，并用黑色勾边，这是为了在进行胎教的时候，强化妈妈的意念和集中注意力，并促使妈妈获得明确的视觉感。其实，制作闪光卡的过程本身，也是一种修身养性。

斯瑟蒂克胎教理念

为使妈妈的感觉和思考的内容与胎儿相一致，最重要的是保持平静的心情，集中注意力。在胎教起初，我总是把呼吸调整到深沉而平静，然后把所教的内容在大脑中形成一幅“语言之画”。

斯瑟蒂克胎教实践方案——

字母的想象含义

A——像一顶尖尖的帽子
B——像贴墙摞着的两个半圆
C——像弯弯的月牙
D——像一个人在哈哈大笑
E——像三个小人在排队
F——像一面红旗在高高飘扬
G——建设银行的标志
H——一把梯子
I——我的大写
J——雨伞柄
K——像一个马扎
L——像桌子角
M——像一把折叠伞
N——像闪电
O——圆，张开的嘴巴，生活中还有很多是圆的东西
P——停车的标志
Q——qq
R——医生处方的标志

S——女性优雅的身材

U——水缸、实验室里用的量杯

T——钉子

V——小漏斗

W——倒过来像山谷

X——剪刀

Y——树杈

Z——N 的变种

使用闪光卡，奠定学习语言和文字的基础

斯瑟蒂克胎教故事

因为我是日本人，所以尽管我觉得教胎儿英文比较重要，但我还是让胎儿学了一点儿日语，这样的双语环境使胎儿大脑接收到的信息更丰富。教日语字母和英文字母的方法是一样的。你可以从字母的写法、笔画、形状各个方面教授。在教授时，要注意发挥嘴巴、手指、眼睛的合作作用，争取让胎儿对一个日语字母有一个完整清晰的认识，这样有利于胎儿用脑去理解这个字母并记住这个字母。如果要学习日语，可以先教五十音图的平假名，然后再教片假名，最后再教一些简单的日常对话。

斯瑟蒂克胎教理念

学习语言不是件容易的事，它有一个循序渐进的过程。当然这也是抽象知识的学习，特别是在学习字母时，更是比较抽象，所以你需要借助自己的想象，把某个字母和一个比较接近的物体联系起来，使字母具象化，这样学习语言就容易多了。

另外，我们家是双语家庭，也许有这样种情况的家庭会担心，同时教日语和英语，胎儿不就混淆了吗？其实不会的。我们教胎儿学这些并不是为了让他真的像大孩子那样记住字母会写，而是为了让胎儿的大脑多接受点儿刺激，大脑接受的刺激种类越丰富，大脑发育就越好。

斯瑟蒂克胎教实践方案——

闪光卡的使用，以 A 为例

第一步，准备写有 A 的英文闪光卡片，大写和小写的都要准备，要用鲜艳的颜色勾画，然后用黑色描边。

第二步，一面正确发音，一面用手指描 A 的写法，并将注意力集中在字的色彩上，以加深印象。你可以想象字母 A 就像一顶尖尖的帽子。

第三步，讲一个关于 A 的单词。比如 Apron，你可以讲：围裙是妈妈做饭用的，今天妈妈围的是一个花色的围裙。妈妈还有其他颜色的围裙，明天围另一条时再给你看啊。

使用闪光卡片学习数字、算术和图形

斯瑟蒂克教数字、算术和图形

算术是一个比较抽象的东西，所以教起来并不是那么容易的。我是这样做的：

第一步，先准备数字卡片。比如8这个数字，先在一个硬纸壳上写上一个大大的8，然后用彩笔将8的内侧描成鲜艳的黄色，然后将8的外侧描成黑色，这样黄黑对比，8这个数字在白色的纸板上就显得非常醒目。

第二步，告诉胎儿数字的形状。还以8为例。你可以告诉胎儿，这个数字，就像两个一样大的鸡蛋粘在一起，你甚至可以拿差不多一样大小的鸡蛋比画，告诉胎儿8就像这个样子。

第三步，告诉胎儿数字的写法。你可以用手指在8这个数字上描几次，边描边说。

第四步，告诉胎儿8在数字中的位置。你可以在做上一步的同时心里默念：1，2，3，4，5，6，7，8，这样胎儿就明白8前面还有几个数字。

第五步，告诉胎儿关于8的运算。这时你需要拿8个鸡蛋，任意组成两队，4和4，2和6，3和5，1和7，通过这样的任意组合，胎儿就知道了8是怎么来的。当然这一步比较难，你可以在胎儿学的数字比较多了以后再进行。

斯瑟蒂克胎教理念

教胎儿算术，其实并不是让胎儿在没出生时就知道 1+1=2，而是营造一种学习数学的气氛，把数学这种需要借助抽象思维的学科具体化，让胎儿的大脑接受来自抽象领域的刺激。这也是胎教的目的。在教授算术时，制作的卡片和任何教具都可以保存起来，以便孩子出生后继续使用。

1 2 3 4 5 6 7 8

斯瑟蒂克胎教实践方案——

学数字

以数字 1 为例

第一步，准备写有数字 1 的闪光卡片，并将注意力集中在其形状和颜色上，让这个数字在头脑中留下鲜明的印象。

第二步，想一下和 1 模样很像的事物。单学数字 1 是很枯燥的，所以你可以讲些和 1 有关的东西，比如一根电线杆、一根手指、一根木棍。尽可能不要忘记发清楚 1 的读音。

第三步，联想可以用 1 表示的日常事物。比如一碗饭、一个苹果、一只猫，这些都是平常经常能见到的东西，胎儿会非常熟悉。在举例时，你可以拿实物比照着讲，这样更形象和生动。

斯瑟蒂克
阶梯胎教法

第四章

加强阶梯

准爸爸参与，胎教不可或缺的环节

爸爸胎教：胎教的成功与否，与准爸爸有着密切的关系

如果你在自己宝宝身上寄托了极大的希望，那么你就不应该把育儿的责任全部推卸给宝宝的妈妈，作为父亲你应该积极参与其中。当然，这不单是在宝宝出生前，在宝宝婴幼儿时期参与育儿也不能忽视。

——斯瑟蒂克

意志胎教：心灵的交融，让宝宝变得阳刚正气

漫不经心地享受生活是不可取的，只有你对周围的环境心领神会，宝宝才能接受你所领悟的一切。可以说无论是下午散步或是假日外出，你看到的事物越是新奇越是让人印象深刻，宝宝获得的知识就越多。

——斯瑟蒂克

爸爸胎教

胎教的成功与否，与准爸爸有着密切的关系

如果你在自己宝宝身上寄托了极大的希望，那么你就不应该把育儿的责任全部推卸给宝宝的妈妈，作为父亲你应该积极参与其中。当然，这不单是在宝宝出生前，在宝宝婴幼儿时期参与育儿也不能忽视。

——斯瑟蒂克

让宝宝意识到爸爸的存在

斯瑟蒂克胎教故事

每天早上起床时，对胎儿说："早上好！"出门时，说："宝宝，我要上班了，你要在家乖乖等我哦！"晚上下班回到家，说："宝宝，我回来了！"睡觉前，可以说："宝宝晚安，睡个好觉！"一天中你至少有四次机会与胎儿互动，要抓住这个机会哦！而且你要让胎儿知道你的存在，你可以趴在妻子的腹部用温和的语气跟胎儿讲话，使他熟悉你的声音，从而让他知道你的存在。当妻子讲故事讲累了时丈夫可以接替妻子继续给胎儿讲故事。

我们家是约瑟夫一个人上班，所以白天家里就我一个人。晚上约瑟夫下班回来后，不管多忙他都要留出胎教的时间。不过晚上一般人都该休息了，当然胎儿也需要休息，所以晚上做胎教不宜时间过长，故事的内容也不宜复杂，尤其不适合讲一些天文地理方面的知识。约瑟夫一般都给胎儿讲一些自己一天的工作和工作时的趣事，一般他讲话时我也会认真听，因为听他讲话也是关心他。

斯瑟蒂克胎教理念

介入到养育孩子的过程有很多方法，关心孕期的妻子其实就是关心胎儿，多陪伴妻子也就是多陪伴你未出生的孩子。记住这句话，你会成为一个好父亲的。

斯瑟蒂克胎教实践方案——

《当幸福来敲门》

本文改编自美国著名黑人投资专家克里斯·加德纳出版的同名自传。这是一个典型的美国式励志故事。作为一名单身父亲，加德纳一度面临连自己的温饱问题也无法解决的困境。在最困难的时期，加德纳只能将自己仅有的财产背在背上，然后一手提着尿布，一手推着婴儿车，与儿子一起前往无家可归者收容所。实在无处容身时，父子俩只能到公园、地铁卫生间这样的地方过夜。

为了养活儿子，穷困潦倒、无家可归的他从最底层的推销员做起，最后成为全美知名的金融投资家。回忆起自己的这段经历，克里斯·加德纳表示："在我二十几岁时，我经历了人们可以想象到的各种艰难、黑暗、恐惧的时刻，不过我从来没有放弃过。这本自传还有一层深意，那就是即使在最艰难的时刻，父亲与儿子是不可分离的。"

二十来岁的加德纳读书不多，任职医疗物资推销员后，还要照顾女友和年幼的儿子。1981年，他在旧金山一个停车场，看到一名驾着红色法拉利的男人正在找车位，他回忆道：“我对他说你可以用我的车位，但请你回答我两个问题：‘你做什么工作和怎样做？’”对方自称是股票经纪人，月薪达8万美元，比加德纳年薪多一倍。

加德纳于是辞职转行，成功被证券公司聘请，但还未上班时，请他的人却被解雇，新工作于是泡汤了。应聘新工作前，加德纳和女友吵架，惊动警员上门调停，后又被警方追讨1200美元的违例停车罚款，因无力还钱，他被判入狱10天。但噩梦还未完，出狱后他发现女友同儿子都消失了，他变得一无所有。几个月后，女友再次现身，但不是想重修旧好，而是她不想带着儿子了。加德纳需要抚养孩子，不能再住单身宿舍，被迫流浪街头……

廉价旅馆、公园、火车站厕所、办公室桌底，都成了加德纳父子的栖身之所，一年后加德纳才有钱拥有自己的小窝。加德纳努力赚钱，当上股票经纪人后，事业一帆风顺。1987年他在芝加哥开设经纪公司做老板，成为百万富翁，致力于南非扶贫。

孕妈妈的稳定情绪，需要准爸爸维护

斯瑟蒂克胎教故事

良好的婚姻关系是家庭稳定的必备条件。同样如果你想生出一个健康的孩子，良好的夫妻关系也是必需的。在孕期，准爸爸对孕妈妈的态度很重要哦。

生活中并不是每个妻子时刻都善解人意，通情达理，尤其在孕期，女人发小脾气、使小性子也是很正常的，这时丈夫的包容和豁达非常必要。要知道妻子的情绪不好，这比她在孕期抽烟、喝酒带来的危害更大。

孕期女性的情绪可能因为一丁点儿的变化而变化。比如你告诉她你下班就回来，可是因为工作忙需要加班你没按点回来，这要是在孕前她顶多等你回来抱怨几句就罢了，怀孕后情况可就不一样了。她可能想等你下班后告诉你什么重要的事，在等待你回家的时间里，她可能会担心你是不是出了什么事，遭遇了什么不幸，总之在等你的时间里她的心情非常糟糕。所以平时再粗心的丈夫也要注意，如果自己的承诺没有马上实现，就一定要及时电话通知妻子，以免她担心。

及时发现妻子的紧张情绪。如果你下班回家看到妻子神情恍惚，就一定要耐心询问妻子是怎么回事，帮她排解心中的苦闷。因为妻子不良情绪持续的时间越长，胎儿受到的伤害越大。所以你要及时了解情况，设法帮助妻子排解不良情绪。

要对妻子多理解、包容。女人无端发脾气是很有可能的，特别是处于孕期的女人更容易使性子、发脾气。这部分原因是怀孕所带来的种种变化让她们不适应，尤其身体变得肥胖、臃肿，导致她们行动不便，以前能做的很多事现在都做不了，所以要强的妈妈会非常生气，因为她觉得她掌控不了自己的身体。这时你的包容就显得很珍贵了。你要明白，这时的女人处于一个特殊时期，她也在努力让自己适应这个时期，只不过有的人适应时间长，有的人适应时间短，相信每个女人都会适应这个时期，最终完成孕育的伟大使命。

所以即便是忍受，也是有时间的，而不是让你一直忍受下去。

斯瑟蒂克胎教理念

各位即将做父亲的男人，一定要对妻子有所包容。你在她最辛苦、最劳累的时候包容她，她才会在快乐的心境下孕育一个健康的孩子。同样，妻子也会明白你的包容之心的。在怀孕这个对于你们来说非常难忘而又幸福的阶段，你们的不离不弃、相依相靠，一定会使两个人的感情更加深厚。孕期是你们人生的一个特殊时期，相信丈夫对妻子的包容和理解，一定会使彼此的爱更加持久。

斯瑟蒂克胎教实践方案——

准爸爸要帮助孕妈妈调节好情绪

准爸爸应该开朗乐观，当妻子不愉快的时候，不能陪着愁眉苦脸，那会叫孕妈妈情绪更不好。因此，在妻子面前保持一个洒脱、豁达、善解人意的好丈夫形象非常重要，那会叫怀孕的妻子有一种稳定感、安全感，增强克服困难的勇气和力量。

准爸爸对孕妈妈要比她怀孕前更细心、耐心、关心并和蔼可亲，这样妻子就会经常眉开眼笑，怀孕带来的焦虑会烟消云散。

准爸爸的言谈举止要比妻子怀孕前轻快、幽默，避免说话重声重气，引起妻子的“无名之火”。准爸爸应当找机会制造一些场景，同妻子开适当的玩笑，对妻子要有点儿幽默感，让妻子感到愉悦、甜蜜。准爸爸富有情趣的表现，可以使孕妈妈平稳顺利地度过十个月的孕期。

情绪胎教

如果孕妈妈在孕期情绪低落、焦虑，孩子出生后常出现爱哭闹、易烦躁、好激动、性格怪癖等状况。从某种意义上说，诞生聪明健康的小宝宝在很大程度上取决于准爸爸，特别是在情绪胎教中，准爸爸所起到的作用非常大。所以，准爸爸一定要让孕妈妈时刻保持良好的情绪哦。

宝宝对准爸爸的话也很感兴趣

斯瑟蒂克胎教故事

男性的作用不仅体现在对孩子的教育过程中，同样体现在胎教中。男性的嗓音胎儿最爱听。女性的声音比较尖，稍微抬高嗓门，就显得声音比较大了。而男性的声音比较浑厚，最适合在胎教中给胎儿讲故事。特别是在音乐胎教中，爸爸给胎儿唱歌是再合适不过的了。

爸爸在给孩子讲故事时，可以讲讲白天自己的工作，这不仅可以让孩子了解爸爸，而且做妻子的也可以从中了解丈夫一天的动态，这对加深夫妻感情是很有好处的。对于那些暂时离开职场的妈妈来说，听丈夫讲他一天的工作也有利于让自己分娩完上班后重新融入职场生活。我的英文不是很好，而约瑟夫的英文比较好，而且约瑟夫说起话来非常有节奏感，所以我平时一般会让约瑟夫为苏珊朗诵诗歌，或为苏珊唱歌，做这些事情都需要带有强烈的感情，而一个人说母语时是最有感情的。这也是胎教需要分工的原因吧！

斯瑟蒂克胎教理念

胎教并不是孕妈妈一个人的事情，准爸爸不可旁观哦。准爸爸在胎教中的角色是无可替代的。声学研究表明，胎宝宝在子宫内最适宜听中低频率的声音，而准爸爸说话的声音正是以中低频率为主。准爸爸的声音能够唤起胎宝宝积极的反应，从而促进胎宝宝智力的发育。面对即将出生的宝宝，准爸爸会有些不知所措。经常给胎宝宝讲生动有趣的小故事，可以缓解准爸爸不安的情绪，有助于建立一种良好的亲子关系。

斯瑟蒂克胎教实践方案——

教授认图形

以正方形为例

第一步，在纸上先用笔画个正方形，边画边告诉胎儿这是正方形。

第二步，举一些正方形的例子，比如坐垫是正方形的，桌子是正方形的。

第三步，在房间里寻找是正方形的东西，比如看到点心盒，告诉胎儿这是正方形。

可供胎儿认识的图形有：正方形、长方形、三角形、圆形等。你可以按照上面教正方形的方法教认其他的图形。

生活中是正方形的东西有：桌子面、椅子面、坐垫、靠垫；

生活中是长方形的东西有：窗户玻璃、门、面板、电脑屏幕、文具盒；

生活中是三角形的东西有：三角尺、撑开的梯子和晾衣架；

生活中是圆形的东西有：杯子口、月饼、锅盖、CD 盘等。

准爸爸怎样参与到胎教中来

斯瑟蒂克胎教理念

男人和女人在养育孩子中所具有的作用各不相同。男人往往更擅长与孩子做力量型游戏，比如举高；而女人的感情比较细腻，更擅长给孩子讲故事。在孩子来到这个世界之前，准爸爸应该如何发挥自己的强项呢?

根据约瑟夫的经验，我总结了几点：

男人的方位感更强。比如约瑟夫，他能在地图上马上指出密西西比河在哪里，它的源头在哪里，途经哪些地方，一年四季那里都有什么变化。这些我都不擅长，所以在胎教时，这些知识往往都是由约瑟夫讲给苏珊听的。

男人对东西的构造更感兴趣。比如约瑟夫知道电冰箱的工作原理，挂钟坏了怎么修，收音机坏了怎么办，这些都是我平时不愿意了解的，而约瑟夫讲起这些头头是道。

男人对自然现象更感兴趣。比如约瑟夫时常会给苏珊讲天气变化，下雨了他告诉苏珊为什么会下雨，这是一种什么样的自然现象。他往往会边说边画图阐述，这样小苏珊眼前便会呈现出一种生动的图像。

所以从孕期开始，准爸爸就可以发挥自己的强项。当然，也不排除例外，有的准爸爸，语言表达能力强，会讲一些生动的小故事；有些孕妈妈对自然很感兴趣，可以给孩子讲讲天气变化之类的知识。夫妻俩要经常在一起探讨胎教的话题，逐渐发现彼此的强项，以便在胎教中扮演好各自的角色。

意志胎教

心灵的交融，让宝宝变得阳刚正气

漫不经心地享受生活是不可取的，只有你对周围的环境心领神会，宝宝才能接受你所领悟的一切。可以说无论是下午散步或是假日外出，你看到的事物越是新奇越是让人印象深刻，宝宝获得的知识就越多。

——斯瑟蒂克

诵读童话故事，
与宝宝一起重温记忆中的温暖时刻

斯瑟蒂克胎教故事

我接受了约瑟夫的建议，开始在家练习讲故事。其实约瑟夫让我在家练习讲故事，与其说是做练习，不如说是为了让我打发寂寞的时光。因为当时我们刚到这里定居，所以周围没什么熟悉的朋友，如果我能在家找点儿事做，就不会太寂寞。当时我的英文不是很好，而我家里的童话书都是英语的，上面有些单词我不是很熟悉，所以很多时候我得查字典才知道单词的意思，不过这样我的英语水平却得到了提高。看来怀孕也是让人进步的动力啊！谁说全职妈妈整天无所事事？只要愿意，全职妈妈的生活可以很充实！

从这一点而言，可以说在这一时期给胎儿讲故事的主要目的并不是为了给胎儿听，而是让自己对子宫对话这一主题有所了解，或者让自己提高讲故事的水平，使自己的生活变得充实起来。

斯瑟蒂克胎教理念

欧卡达医生告诉我，胎儿的听力到六七个月才发育，但约瑟夫坚持让我在孕早期就给苏珊讲故事。理由是我的口才不是很好，平常见了人总是很害羞，如果等到孩子真正能听见的时候再给她讲故事，很可能我磕磕巴巴地讲故事，苏珊听到的就不是连贯的语流，这会影响苏珊的语言能力。而且那时苏珊已经有了记忆力，她会记住我的话，说不定会造成苏珊出生后也会磕磕巴巴地讲话呢！

展开想象力为宝宝描绘自然和社会

斯瑟蒂克胎教故事

约瑟夫是个想象力丰富的人，看到一杯水他都能讲个故事，但是他实在太忙了。而我这个英文不好的人要用英文去联想遇到的事物，难度可想而知。但是为了使苏珊出生后适应英文环境，我就必须用英文思考，并且尽量把想到的东西用英文表达出来。这让我很为难。约瑟夫知道后安慰我说："用日语表达也没关系，说不定我们的孩子以后日语和英语都说得很好呢！"尽管约瑟夫很理解我，对我没有要求，但我还是坚持用英语。随着练习次数的不断增加，我的英文水平得到了很大提高，这可能也是孕期的一大收获吧！

斯瑟蒂克胎教理念

准爸爸要经常带孕妈妈去大自然中散步，和胎儿一起饱览美丽的自然风光，倾听鸟鸣声、流水声等来自大自然的旋律，这样对胎儿的感官发育有很好的促进作用。含氧量充足的空气对胎儿脑部发育很有好处。准爸爸可以向胎儿描述眼前的自然景物，大自然能带给准爸爸更多灵感。

斯瑟蒂克胎教实践方案——

树叶秋天为什么会变黄

每当秋天来了，树叶就会变黄。这是为什么呢？首先我们来了解一下树叶为什么先是绿色的。树叶之所以是绿色，是因为树叶里含有叶绿素，当然，绿色的叶子中不仅仅只含有叶绿素，它们还含有叶黄素、胡萝卜素等多种色素，而树叶中还是叶绿素含量最高。叶绿素很容易受温度影响，而叶黄素和胡萝卜素则比较稳定。秋天来了，气温逐渐下降，这时叶绿素因降温而分解，叶绿素减少了，叶黄素等物质便在树叶中逐渐显现出来，因此树叶就变黄了。

告诉宝宝什么是勇气、正义、友情

斯瑟蒂克胎教故事

有关世界上的民族和风景、各种动植物、陆海空的交通工具等，我们都可以借助照片和画册将其形状、性能用自己的语言讲给胎儿听。

我们可以将《小精灵》中的幻想世界，以及堂·吉诃德的勇气，通过自己的想象渲染一番，再传递给胎儿。

同一个故事可以有不同的版本，我们在给胎儿传授幻想故事的时候，尽量以勇气、正义、友情作为主题来讲，这样可以激发胎儿的情感发育，在出生后建立一个良好的情感世界。

斯瑟蒂克胎教实践方案——

《堂·吉诃德》

堂·吉诃德是西班牙的一位穷乡绅。因沉迷于骑士小说，决定外出历险，做一名行侠仗义的骑士。他把自己装扮成骑士，找来同村农民桑丘做自己的侍从，把邻村一个农家姑娘作为自己的意中人，急不可待地骑马出发了。他一心想建立骑士功勋，竟把幻想当现实，将风车当巨人、旅店当城堡、羊群当敌人，不顾一切，提矛冲杀。结果到处碰壁，吃尽苦头，做了许多蠢事，闹了不少笑话，但他扔执迷不悟，险些丧命，最后被人送回家。临终时他醒悟到自己迷信骑士小说之过。

让兄弟姐妹之间的嫉妒转化为爱

斯瑟蒂克胎教故事

毕竟是孩子，偶尔的“吃醋”是免不了的。记得有一次我为了弄清飞机的运行原理向人请教，站在一边的苏珊就不高兴了。

她觉得这个新宝宝占用了妈妈太多的时间。她不停地抱怨：我不要做姐姐，我要变小点儿，我要回到妈妈肚子里，这样妈妈就会多照顾我些。当时我很生气，但我没有表现出来。回到家，我先给苏珊讲了飞机的运行原理，苏珊对这些一向非常感兴趣，所以虽然生气还是耐着性子听我讲完，之后我告诉她，妈妈向人请教问题，的确是为了给小妹妹做胎教，但是妈妈知道你对这些问题应该也感兴趣，也需要了解这方面的知识，所以妈妈才问人的。听完解释，苏珊顿时明白了，贴在我的肚子上对斯蒂茜说：“姐姐对不起你，姐姐不应该生气，希望你原谅姐姐啊。”

斯瑟蒂克胎教理念

很多时候，你需要对大孩子解释很多事情，在这一过程中切忌不耐烦，随便打发孩子。只要你用心解释，大孩子会明白并理解的，她会积极参与到胎教中来。

我在做胎教时，经常会告诉苏珊，你在妈妈肚子里时，妈妈也对你做了同样的事，要不你现在怎么会这么聪明可爱呢？小孩子是很爱听表扬话的，其实他也明白今天的努力是为了什么，这样他就不再妒忌那个没见过面的弟弟或妹妹。这对加强孩子之间的情感是大有帮助的。

斯瑟蒂克
阶梯胎教法

第五章

巩固阶梯

出生后，见证神奇胎教的力量

胎教成果：宝宝的特质不是来自遗传，而是来自胎教

苏珊和她三个妹妹的陆续到来，使得我们的努力得到了回报。如果以宝宝容易接受的方式进行教育，宝宝一出生就具有较高的素养，而这些素养能促使宝宝很快学会各种生活的本领。

——斯瑟蒂克

胎教巩固：对宝宝早教，是斯瑟蒂克胎教法的见证和践行

在宝宝出生后，当第一次教她们算术时，如果把曾经用于胎教的实物，再次摆放在宝宝面前，这些宝宝在妈妈子宫内学过的东西，会唤起宝宝的记忆，让宝宝有似曾相识的感觉，并出现令你吃惊的反应。

——斯瑟蒂克

胎教成果

宝宝的特质不是来自遗传，而是来自胎教

苏珊和她三个妹妹的陆续到来，使得我们的努力得到了回报。如果以宝宝容易接受的方式进行教育，宝宝一出生就具有较高的素养，而这些素养能促使宝宝很快学会各种生活的本领。

——斯瑟蒂克

斯瑟蒂克一家养育四个天才宝宝

斯瑟蒂克讲故事

我们有四个孩子，大女儿苏珊，二女儿斯蒂茜，三女儿斯蒂芬，小女儿吉安娜，她们的智商都高达 160 以上，因而都被列入了高智商的行列。

苏珊出生两个星期后就能讲简单的几个单词；第三个月单词量迅速增长，可以开始用句子表达情感了；第九个月，苏珊开始走路了，同时开始认字；我们从小就把她当一个成年人来对待，交流时尊重她的想法，而她也完全能理解我们所讲的意思。

五岁那年，苏珊接受了美国 SOI 的迈阿里·弥克博士的智力测试，她的智商竟然达到 170 以上，阅读力、理解力、运算力、判断力、记忆力、表达力都达到很高的水平。此外，

她在情绪方面的各种测验成绩也很优秀。这样，苏珊从幼儿园一下子跳级到了高中。11 岁时，她参加了美国大学的入学考试，取得了近 690 分的最高成绩，成为马斯金格大学的大学生。14 岁时她便获得学士学位。16 岁时，她已是芝加哥伊利诺斯大学医学院二年级的学生了。

苏珊并不是个案，苏珊的三个妹妹，也都是在出生后两至三个星期开始说简单单词的。苏珊 16 岁的时候，13 岁的斯蒂茜就在曼达雷茵大学读二年级了，11 岁的斯蒂芬就读高中三年级，九岁的吉安娜是初中三年级的学生。

在这之前，我们曾经一直主张胎教激发孩子的潜能，但是并未引起重视。现如今，我们对四个孩子胎教的成功经验终于开始被人们所理解，并吸引全世界关注的目光。

斯瑟蒂克总结理论

四个天才儿童都诞生在一个普通家庭，这样的例子是微乎其微的。也就是说，四个孩子都是天才，用遗传来解释是根本不可能的。斯瑟蒂克夫妇都是智商在 120 左右的普通人，家族内也没有出过天才或伟人，所有的一切都证实了胎教对于宝宝发育的重要性。斯瑟蒂克夫妇坚信胎宝宝能够倾听父母的声音，所以他们常与腹中的宝宝讲话，并不断向她们传达爱意。在与四个孩子的交流中，逐渐总结出了一套行之有效的方法，这就是“斯瑟蒂克式胎教法”。

斯瑟蒂克实践方案

宝宝能领略妈妈的心境。在一个风和日丽的下午，你可以到住家附近散步。来到小区花园或林荫小道上，听鸟儿在树梢间啾啾地叫个不停，看蜜蜂或蝴蝶在花丛间翻飞，任微风穿过树叶轻拂面颊，心情格外舒畅。这时你能感觉到腹中的宝宝似乎领略到妈妈的美好心境，不时舒展着柔软的四肢，翩翩起舞。

书店

一岁宝宝能念书给大人听

斯瑟蒂克胎教故事

一般新生儿出生后大部分时间都是在睡眠中度过的，我们的苏珊也不例外。但是出生两周的苏珊却开始说话了。当然像小孩子刚开始说话那样，苏珊的发音不是很清晰，但她的的确确是在发音。苏珊会发的第一个音是奶。这是因为在孕期，我的乳房经常分泌一些乳汁，每当这时我就会告诉苏珊：“奶，这是你要吃的奶。”而在她出生后，每次喂奶时，我都会对她说：“苏珊，吃奶了。”所以对苏珊来说，奶是个非常亲切熟悉的单词。

在出生后的第三个月，苏珊的单词量已经有了很大的长进，开始说句子了。当然她也只会说简单的句子，比如：妈妈抱，狗狗跑。虽然简单，但很让人惊奇。

五六个月时，苏珊便会使用便盆了，同时，她对幼儿画册特别感兴趣。每次她都会拿起画册给我：“妈妈读。”

九个月时，苏珊已经会走路了。一岁时，苏珊已经开始会念书了。

有一次苏珊自己看一本叫《鲁宾逊一家》的书时，正好一个邻居带着两岁半的孩子来我家，看到苏珊在看书，邻居就问苏珊：“苏珊，你知道书里讲的是什么吗？”其实邻居就是随便一问，但是没想到苏珊竟然把她看到的文字读出来了。这让邻居大吃一惊，因为她家的孩子两岁半了说话还不清楚呢。这一切在我们看来是比较正常的，因为很多内容我们在她胎儿期就已经教她学过了。这就是胎教的神奇功效。

斯瑟蒂克胎教理论

有人认为出生只有两三个月的婴儿是不可能听懂大人讲的话的。其实不然，因为在

我对她们讲话、为她们读书时，确实常常看到她们是那么专注入神地听着，并露出愉快、安谧的表情。我现在还记得，那些幼儿画册是用淡雅的色彩描绘的，孩子们是那么出神地看着每一页，眼里都闪着兴奋动人的光芒，到了第五、第六个月，幼儿画册已成为孩子们最喜欢看的东西之一了。第八个月能认英文字母 A、B、C、D 等，第 9 个月会阅读这些字母……她们就是这样自然而然地学到了许多东西。

斯瑟蒂克胎教实践方案——

日本动画片《鲁宾逊一家漂流记》

因一心赴澳行医，鲁宾逊一家决定远渡重洋，而一场暴风雨让鲁宾逊一家人漂流到一座不知名的小岛上，从此改变了他们的命运！接踵而来的，是一段段奇幻、惊险、充满未知的考验，鲁宾逊一家变成了孤岛上与命运抗争的“沙粒”。回家的日子遥遥无期，荒岛的孤绝考验着鲁宾逊一家的生存意志，他们不但要对付突入其来的野兽，还要学习建造树屋与独木舟，连原先娇贵的妈妈也当起种菜的农妇，平常拿听诊器的爸爸也拿起猎枪入林打猎。看，鲁宾逊一家就这样在信念与爱的支撑下，最终战胜了艰苦环境。

鲁宾逊一家究竟何时能够重返人类社会呢？大自然看似寻常，但它的神秘与伟大足以让处于文明世界的我们感到敬畏，并不得不重新思考，文明后的人类应该如何与自然和谐相处。

SAI

五岁上高中，十岁成为医科大学学生

斯瑟蒂克胎教故事

苏珊在一岁零六个月时，曾读过高中的教科书。所以这时我们的育儿策略就做了相应调整。我们不再用对一岁孩子说话的语气对她讲话了，当然这对我们来说也面临着挑战。因为我们也没有教导大孩子的经验，为此我们向育儿专家做了请教。

由于当时像苏珊那么大的孩子还躲在妈妈怀里吃奶，什么也不懂，我们就不得不为苏珊四处寻找与她智力年龄和心理年龄差不多的孩子陪她玩和聊天，这样有利于苏珊成长，因为只有心理年龄差不多大家才有共同的话题。

苏珊五岁时，接受了智力测试，她的智商在 170 以上，阅读力、运算力、理解力、判断力、表达力都在标准以上。此外她的各方面心理指数也非常优秀。这样五岁的苏珊就升上了九年级，当然

她是班里年龄最小的孩子。所以班里的孩子常拿她当神童看待，这让苏珊感到很不自在。我和约瑟夫及时发现了这个问题，对她进行了疏导。

世界有时真的很奇妙。如果孩子智力一般或有点儿滞后，父母会很苦恼，巴不得天天给孩子吃点什么让他马上变成神童；而孩子如果智力超常，父母也有烦恼，担心孩子在学校被同学们用异样的眼光瞧。所以父母的责任很重大，要及时关注孩子，随时调整养育策略，毕竟养不教，父之过嘛。

好在我们在胎教时比较注重孩子的心理培育，所以苏珊也没出过什么大问题。10岁时，苏珊接受了SAT资格考试，最终取得了690分的好成绩，成为全美最小的大学生。虽然如此，苏珊并没有感到有什么特别的，只是她的同学感觉她比较特别。苏珊说："虽然他们都觉得我是天才，有的同学甚至觉得我是个怪物，但我不觉得这有什么，因为他们懂的我都懂。对于我来说，像我这个年龄看这些书，我认为是比较正常的一件事。"

斯瑟蒂克胎教理念

无论是胎教还是孩子出生后的教育，我认为做父母的都要根据孩子的年龄，特别是心理年龄，调整相应的育儿策略。比如孩子一岁时，你可能全部的精力都放在孩子身上，但是孩子长大了，你就要放手，让他做自己喜欢或应该做的事情。

让孩子在自由中快乐成长

斯瑟蒂克胎教故事

我们家的孩子从小到大尽管我们从不强迫她们做什么，但她们各自都有精彩而丰富的生活，而且她们都有自己的特长，并将特长发扬光大了。现在的很多家长，为了让孩子成为天才，不遗余力地让孩子去上各种补习班、特长班，根本没玩的时间，这样不但效果不好，还让孩子失去了快乐的童年。只有兴趣是最好的老师。我们家的孩子都认为学习是件非常快乐的事情，而且她们的学习效率非常高，她们把获取新知识看成是玩游戏，在玩中学习，非常快乐。

我的二女儿斯蒂茜擅长作文，在四姐妹中她是最有诗人天分的，她尤其喜欢以自然和动物为主题作诗。不仅如此，她还喜欢饲养小动物，几乎每个小动物都成了她的好朋友，她去芝加哥大学念书时曾想带只小仓鼠过去呢！她还特别喜欢毛绒玩具，喜欢给这些玩具做衣服，给它们换发型，也喜欢自己动手做娃娃。美国曾经有段时间流行白菜娃娃，斯蒂茜竟然把娃娃的手指做得非常精巧，很多人看了都觉得吃惊。她 13 岁时在曼达雷茵大学学习。

我的三女儿斯蒂芬爱好科学，喜欢做各种飞机模型，对花草也很感兴趣，经常在家里做各种试验。

最小的女儿吉安娜很爱画画儿，这个爱好让我们家的墙壁遭了殃，墙壁上到处是她的画儿，有的画得非常漂亮，有些则属于涂鸦。她还喜欢制作各种布偶娃娃的服装，有时一天能给娃娃换五六身衣服。而且还会做布偶娃娃，所以我们家里有各种样子的布偶娃娃，比如老人、小孩、男人、女人。她六岁时，她的画儿就被选中陈列在美术馆里。她的一幅画儿还被美术馆的主人看中，提出购买，虽然最后只卖了 3 美元。

胎教巩固

对宝宝早教，是斯瑟蒂克胎教法的见证和践行

在宝宝出生后，当第一次教她们算术时，如果把曾经用于胎教的实物，再次摆放在宝宝面前，这些宝宝在妈妈子宫内学过的东西，会唤起宝宝的记忆，让宝宝有似曾相识的感觉，并出现令你吃惊的反应。

——斯瑟蒂克

与宝宝进行语言交流

斯瑟蒂克胎教故事

不论哪个孩子出生，我都在出生后的第三天，用手指头教她数数，并在喂奶、抱着逗玩的时候坚持对她说话。

在别人看来，与一个连眼睛都没完全睁开的宝宝对话，简直是可笑之举。然而我知道，她们还在我腹中的时候，我就已经开始对她们进行素质培养了。我的这种做法不过是对她们已学素养的巩固而已。

事实上，我的四个孩子都能够很专注地听我讲话，这与在她们很小的时候我教相关的知识时她们就能够作出良好的反应有关。

斯瑟蒂克胎教理念

我们认为，接受胎教后出生的婴儿已经打下了吸收新知识的良好的基础。我们坚信在苏珊未出生的时候，她在腹中听到的、感觉到的、理解了的东西，将会深刻影响她今后的生活，并一定会引导她走上幸福的人生之路。

对宝宝进行颜色、声音的刺激练习

斯瑟蒂克胎教故事

记得在孩子们出生后的一周左右，我就用花铃棒去刺激她们。每当我让她们抓握住花铃棒，并轻轻摇动发出声响时，她们总是显得很兴奋。

她们还是胎儿的时候，我就给她们看色彩艳丽的画册，并用心地朗读，还用五颜六色的卡片教她们学英文字母和数字。

事实证明，我的这些做法是有效的。苏珊出生后两个星期，每天大部分时间几乎都在睡觉。然而有一天却有了惊人的变化，她突然说话了，发音虽然不准，但是却能让人听出是“奶”。这是我在她出生之前，常对她说的词。苏珊出生后一个月时，就会数彩色的皮球，能一口气数到3，这源于我在她出生前常用这样的皮球教她数数。

斯瑟蒂克胎教理念

在胎儿出生后第一次教授她知识的时候，如果你把曾经用于胎教的实物，摆放在婴儿面前，这时你会发现婴儿对他胎儿时期学过的东西，有令人吃惊的反应。

斯瑟蒂克胎教实践方案——

数字的想象含义

1——像铅笔细又长；

2——像鸭子水中游；

3——像耳朵听声音；

4——像红旗飘啊飘；

5——像秤钩称东西；

6——像哨子吹呀吹；

7——像镰刀割青草；

8——像葫芦摇啊摇；

9——像气球飘啊飘；

0——像鸡蛋吃啊吃。

Good Morning
Today is Monda
I Love You

一天的交流从早上开始

斯瑟蒂克胎教故事

每天我都比约瑟夫起得早，因为他工作太累了，我必须提前为他准备早餐。我总是在愉快的心境中开始一天生活的。起床时，我常用一种愉快的声音对苏珊说：“早上好，让我们开始美好的一天吧！”早晚洗漱时，我通常会对苏珊说：“我们天天都得刷牙，因为牙齿需要每天清洁。”每次说这些话时，我都压低音量，唯恐吵醒约瑟夫。不要怕胎儿听不见，再小的声音他也是能感觉到的，因为你是带着爱来说的，如果他的耳朵听不到，他的心应该可以感受到。

每天准备早点时，我都会把我正在做的事不分巨细地告诉苏珊，我会告诉苏珊：“如果你已经长到三岁，我会让你帮我打鸡蛋哦；如果你不喜欢做这件事情，我就让你帮我摆放刀叉，好吗？”我会一边做早点一边在心里描绘未来美好的生活情景，同时把我盼望孩子到来的心情传达给她。

斯瑟蒂克胎教实践方案——

早晨的简单英文

早晨

Good morning. Did you sleep well?

早上好，你睡得好吗？

I love you.

我爱你。

Look at the sky. It's a nice day today.

瞧瞧天空，今天天气真好。

What day is it today?

今天星期几呢？

Today is Monday.

今天是星期一。

I am getting up.

我这就起来。

I am having breakfast.

我正在吃早餐呢。

Daddy's going to work. Let，s say good-bye.

爸爸要去上班了，一起跟他说再见吧。

怎样给新生宝宝选书

斯瑟蒂克胎教故事

一个人的知识面是有限的，所以我会时常买一些书来充实自己的胎教内容。为胎儿选书是有窍门的。比如我不会老买一种书，有图片比较多的，也有文字比较多的，因为我觉得文字能表达出来的内容图片不一定能表达出来，而图片可以清晰表达出来的，文字却未必可以，所以我每次买书都会着重一方面。每次进行胎教时，我也总喜欢选择一个主题来进行，比如这次我要讲关于蝴蝶的故事，我就要先了解一下与蝴蝶相关的内容，如蝴蝶的生活习性、生存状态、对人类的好处以及怎样画蝴蝶、剪蝴蝶。这样我需要的书也就是多方面的，比如自然方面的、地理方面的、环保方面的、美术方面的，而这些内容不可能在一本书中全部讲到的。有时不光需要借助书，我还会从邻居家借来蝴蝶的标本。通过多方面了解准备，我基本上在头脑里形成了一个完整的蝴蝶印象，这样在做胎教时，我不用借助图书就可以轻轻松松地给胎儿讲关于蝴蝶的故事和传说，而我也从这些知识中也再次领略了大自然的奇妙。

斯瑟蒂克胎教实践方案——

法国电影《蝴蝶》主题曲歌词

“鸡为什么会下蛋？”—— 为了使蛋变成小鸡。

“情侣为什么要亲吻？”—— 是为了鸽子咕咕叫。

“漂亮的花为什么会凋谢？”—— 因为那是游戏的一部分。

“为什么既有魔鬼又有上帝？” ——为了让好奇的人有话可说。

“为什么在火里木头会燃烧？”—— 为了我们像毛毯一样暖和。

“为什么大海会有低潮？”—— 为了让人们说：“再来点儿。”

“太阳为什么会消失？”—— 为了地球另一面的装饰。

“狼为什么要吃小羊啊？”—— 因为他们也要吃东西。

“为什么是乌龟和兔子跑？”—— 因为光跑没什么用。

“天使为什么会有翅膀啊？”—— 为了让我们相信有圣诞老人。

“和我一起旅行你喜欢吗？”—— 非常喜欢。

“我们看到了很多漂亮的东西，不是吗？”—— 可惜我没能看到蟋蟀。

“为什么是蟋蟀？”—— 还有蜻蜓。

“我能问你点儿事情吗？”—— 又有什么事？

“我们继续，不过由你来唱可以吗？”—— 绝对不可以。

“来吧。”—— 不，不，不。

“这是最后一段了。”—— 你是不是有点儿得寸进尺呢？

“为什么我们的心会‘滴答’？”—— 因为雨会发出“滴答”声。

“为什么时间会跑得这么快？”—— 因为风把它都吹跑了。

“为什么我握着你的手？”—— 因为与你在一起，我感觉很温暖。

斯瑟蒂克阶梯胎教法